COLLECTION : *PROMENADES DANS LA CORSE PRÉHISTORIQUE*

GUIDE DES SITES TORRÉENS DE L'AGE DU BRONZE CORSE

FILITOSA
BALESTRA
FOCE
CUCURUZZU
ALO-BISUCCE
TORRE
TAPPA
CECCIA
BRUSCHICCIA
ARAGHJU

Rédigée par : F. L. Virili et J. Grosjean

ÉDITIONS VIGROS
PARIS

© Éditions VIGROS, 1979
ISBN 2-903063-01-X

TABLE DES MATIÈRES

	Pages
PRÉFACE	5
GLOSSAIRE	7

INTRODUCTION :
- Découvertes ... 11
- Caractéristiques des Monuments ... 12
- Connaissance des Torréens ... 14
- La Protohistoire Corse ... 23

MONUMENTS TORRÉENS DU SARTENAIS ... 26
- FILITOSA ... 28
- BALESTRA ... 68
- FOCE ... 76
- CUCURUZZU ... 86
- ALO-BISUCCE ... 98

MONUMENTS TORRÉENS DE LA RÉGION DE PORTO-VECCHIO ... 106
- TORRE ... 108
- TAPPA ... 118
- CECCIA ... 130
- BRUSCHICCIA ... 136
- ARAGHJU ... 140

BIBLIOGRAPHIE
Extraits de la Bibliographie de R. Grosjean sur la civilisation torréenne de Corse ... 156
Autres extraits bibliographiques sur la civilisation torréenne de Corse et sur l'Age du Bronze méditerrannéenne ... 159

ABRÉVIATIONS
employées dans le texte ... 160

PRÉFACE

Les archéologues, qui enquêtent scientifiquement sur les origines et l'évolution de l'homme, travaillent en silence, sans le support publicitaire dont bénéficient d'autres champs de recherche. Leurs découvertes pourtant passionnantes sont d'ordinaire communiquées à l'occasion de conférences, congrès ou colloques, et publiées dans les revues spécialisées qui alimentent le monde des scientifiques mais auxquelles le grand public n'a pas facilement accès. Aussi, les amateurs de préhistoire restent-ils très souvent à la merci d'une littérature qu'inspirent le fantastique, le romanesque ou la légende populaire.

Cet ouvrage, le premier d'une série de publications sur les sites et monuments pré- et protohistoriques visitables en Corse, est entièrement basé sur les travaux et les études de **Roger Grosjean,** Chargé de Recherches au C.N.R.S., Directeur du Centre de Préhistoire Corse et ancien Président de la Société Préhistorique française, décédé en 1975 lors d'une mission archéologique en Corse.

L'enrichissement, l'illustration de la préhistoire de cette île furent l'œuvre et la passion de R. Grosjean pendant les vingt-deux dernières années de sa vie. Lorsque, en 1954, il y commença ses travaux, la Corse n'avait fait l'objet, de la part d'anciens préhistoriens, que de recherches sommaires et superficielles : l'indigence archéologique de l'île semblait évidente. Cependant, dès ses premières campagnes de fouille, R. Grosjean pouvait découvrir les vestiges de la présence conflictuelle en Corse, pendant le IIe millénaire B.C. d'un peuplement allogène, constructeur de murailles et de monuments cyclopéens semblables aux archaïques *nuraghi* de Sardaigne et aux *talayots* des Baléares. Plus tard il identifia ces envahisseurs aux *Shardanes,* l'un de ces belliqueux *Peuples de la Mer* qui, entre autres manifestations de leur turbulence, tentèrent vainement une pénétration de l'Égypte, d'abord vers 1300, puis en 1190 B.C. ; il lui donna l'appellation de *Torréens,* d'après le hameau de **Torre,** site éponyme, dont le nom même, en Corse, signifie *tour.*

Fig. 1.
R. Grosjean dans un de ses chantiers de fouilles.

En 1960 l'**Abbé Breuil,** un des plus grands préhistoriens français, préfaçant une première monographie de R. Grosjean *(R.G. 35),* dit :

> « *La Corse, troisième île de la Méditerranée occidentale, était, voici encore peu d'années, à peine explorée au point de vue des cultures anciennes... Notre département insulaire — excepté de rares mentions de quelques dolmens, menhirs et stèles sculptées — n'était l'objet d'aucune recherche systématique et scientifique.*
> *C'est en 1954 que M. R. Grosjean, sous l'égide du Centre national de la Recherche scientifique, s'ouvrit à M.* **R.** *Vaufrey (1) et à moi-même, avec l'appui de documents et d'un programme de travail très sérieux, de son désir de reprendre au début l'exploration de cette* terra *(presque) incognita, manifestant sa foi dans la certitude que l'île était l'une des plaques tournantes des migrations antiques.*
> *Il lui parut impensable qu'elle ne pût révéler elle aussi, sa ou ses propres civilisations, dites insulaires. L'occasion nous parut exceptionnelle. Nous lui fîmes donc accorder les moyens nécessaires pour s'attaquer à cette tâche...*
> *Les premières recherches si tenaces et consciencieuses de M. R. Grosjean récompensent amplement tous les espoirs permis... je tiens à lui exprimer ma vive satisfaction pour ses efforts et les résultats obtenus. Je tiens à l'encourager à poursuivre avec les techniques de fouilles classiques qui sont les siennes et qu'il complète par l'aménagement et la mise en valeurs utiles et nécessaires.* »

Cet ouvrage, comme ceux qui suivront dans la collection PROMENADES DANS LA CORSE PRÉHISTORIQUE, est dédié à la mémoire de **Roger Grosjean,** ainsi qu'à sa fidèle équipe de collaborateurs du Centre de Préhistoire Corse : MM. **J. Liégeois** et **G. Peretti.**

Les Éditeurs

---

(1) MM. l'Abbé H. Breuil et R. Vaufrey de l'Institut de Paléontologie Humaine.

GLOSSAIRE

Alignement : Rangée de menhirs sur une ligne droite ou plusieurs lignes parallèles. Une vingtaine d'alignements ont été recensés en Corse, allant de deux menhirs à une centaine.

Anthropomorphe : Qui a une forme ressemblant à la figure humaine, l'apparence de l'homme. Un menhir est dit anthropomorphe lorsque sa tête se dégage du reste du corps par le cou, et que les épaules sont arrondies.

Carbone 14 : Abrév. : **C 14** : La méthode la plus précise employée en archéologie moderne, par l'analyse de la radioactivité rémanente dans les charbons et matières organiques découverts dans les fouilles.

Cupules : Cavités de petite taille, creusées par l'homme sur les rochers.

Cyclopéen : Terme utilisé pour définir un type de construction ou d'assemblage de très gros blocs de pierre.

Dolmen : Monument mégalithique, coffre en surface, composé de pierres agencées en forme de table, avec de très grandes dalles de couverture. Les dolmens ont été les victimes des chercheurs de trésors ; les sépultures dolméniques inviolées sont très rares. Autres noms corses pour désigner les dolmens : **Stazzona** (forge) ; **Tola** (table).

Iconoclaste : Qui détruit les images.

Masses d'armes :	Appellation coutumière de sphères en pierre dure, forées d'un conduit cylindrique pour être emmanchées.
Mégalithe :	Monument de pierre brute, de grandes dimensions. Ce terme s'applique aux dolmens, menhirs, etc.
Mégalithisme :	Religion ou culte mégalithique : Manifestation du culte des morts au moyen de sépultures monumentales et de monolithes dressés.
Menhir :	Monument mégalithique composé par un monolithe allongé. **Menhir-stèle :** première évolution du menhir brut ; **Statue-menhir :** évolution finale. Autres noms corses pour désigner les menhirs : **Stantare** et **Paladin**.
Mobilier :	Terme général désignant tous les objets de fabrication humaine qui sont retrouvés dans les gisements.
Monolithe :	D'un seul bloc de pierre.
Navetas :	(Baléares). Sépultures en forme de navire retourné. Elles sont les sépultures typiques de la civilisation talayothique des Baléares.
Néolithique :	La période la plus récente de l'âge de la pierre. Se dit aussi de ce qui appartient à cette période.
Nuraghi :	(Sardaigne). Monuments circulaires protohistoriques construits en appareil cyclopéen et affectant la forme de tronc de cône. Ils se divisent en deux types de formes principales : Nuraghi à chambre centrale, et Nuraghi à couloir. Presque 7 000 nuraghis survivent actuellement en Sardaigne. En Gallura, dans le nord de l'île, les nuraghi sont de plan, forme, situation et position très semblables aux torre de Corse.

Obsidienne : « *Pierre d'Obsius* » ou « *Verre des Volcans* ». Substance d'origine volcanique, très dure et compacte, ressemblant au verre, de couleur foncée. Elle n'existe pas en Corse et elle a été importée brute de Sardaigne, pendant la période mégalithique.

Préhistoire : Terme qui englobe toutes les époques d'évolution, de civilisation et de cultures humaines antérieures à l'apparition de l'écriture.

Protohistoire : Période immédiatement antérieure à l'apparition de l'écriture et contemporaine de la première métallurgie. Dans le bassin méditerranéen, la période du IVe au début du Ier millénaire B.C.

Stéatite : Silicate de magnésium compact, onctueux à toucher, très tendre, de couleur verdâtre en Corse.

Taffoni : Terme corse indiquant des creux de roches, crées dans le granite par l'érosion. Utilisés comme abris par les hommes préhistoriques et par les bergers jusqu'à notre âge.

Talayots : (Baléares). Monuments circulaires apparentés aux nuraghi et torre, mais d'une architecture différente.

Tertre : Tout amoncellement de pierres et de terre recouvrant un monument ou provenant de l'affaissement d'un monument.

Tumulus : Tertre artificiel ; amas de pierres, de terre, élevé au-dessus d'une tombe.

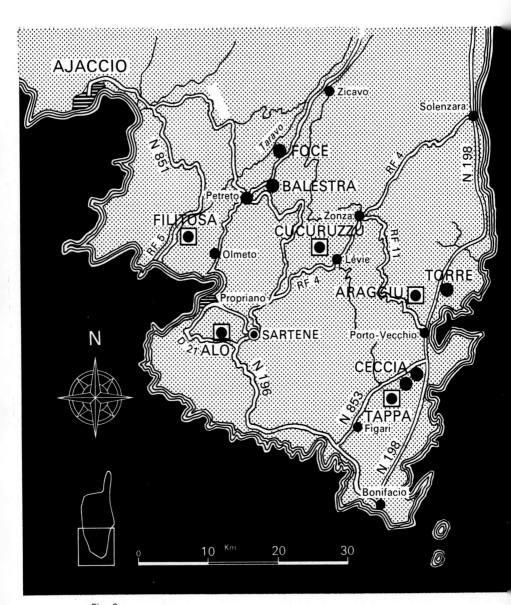

Fig. 2.
Situation géographique des sites torréens décrits et routes principales d'accès.
● Monuments cultuels isolés.
◘ Complexes monumentaux.

INTRODUCTION

DÉCOUVERTES

Dans la charmante vallée de la petite rivière Barcajolo, au centre d'un doux vallonnement descendant vers le fleuve Taravo, les bergers du hameau de Filitosa avaient été de tout temps intrigués par la présence de leur quatre *Paladini* couchés au pied de chênes et oliviers. Les quelques érudits privilégiés qui, avant 1954, avaient entrepris toute une expédition pour se rendre dans ce hameau perdu, se perdaient en conjectures sur l'époque, la représentation et la destination de ces quatre formes humaines en granit : elles ne ressemblaient à aucune autre statue connue.

Lors d'un séjour en Angleterre en 1946, un cousin de M. **Charles-Antoine Césari,** propriétaire de Filitosa, fait un récit coloré de légendes et de fantastique à Mme **Dorothy Carrington,** une femme de lettres qui, installée en Corse à partir de 1947, visite Filitosa et décrit son émerveillement, d'abord à M. **P. Lamotte,** Directeur des Archives Départementales, puis à M. **R. Grosjean,** archéologue au C.N.R.S. en mission en Corse.

— *« Ma première rencontre en 1954* — dit R. Grosjean — *avec ces quelques hommes de pierre fut un précieux encouragement pour les débuts de mes recherches préhistoriques en Corse.*
Je n'oublierai jamais les déplacements du début à Filitosa, puis les visites et les contacts répétés auprès de ces gisants, les heures passées à prendre les premières photos, à mensurer, à palper les moindres reliefs à la recherche d'éléments de réponse ; la révélation, pour la première fois, que ces statues étaient armées, qui d'un poignard sur le flanc droit, qui d'une rapière, armes représentées en bas-relief mais difficilement discernables en raison de l'érosion.
Ce fut pour moi le départ de l'étude d'une extraordinaire culture artistique insulaire, propre à une civilisation mégalithique elle même particulière à la Corse. »

Un premier, très vaste programme de recherches, était né à Filitosa : il fallait le prospecter systématiquement à la recherche du noyau culturel. Sur la rive gauche de la rivière Barcajolo où se termine le ruisseau de Sardelle, dominant le confluent, s'élève un éperon rocheux qui était alors recouvert d'une végétation telle qu'elle le rendait presque impénétrable. M. C. A. Césari avait dit à R. Grosjean que l'endroit se nommait *Turricchiu* et que s'y trouvaient les ruines d'un vieux couvent.

C'est à la fin d'un après-midi d'automne que R. Grosjean et sa femme Jacky s'y aventurèrent, grimpant en rampant sous les ronces du maquis très dense. R. Grosjean était d'une taille imposante, tandis que Jacky, avec ses 1,55 m, pouvait se glisser dans la végétation par les étroits cheminements qu'y creusent renards et chèvres ; aussi était-elle toujours en avant-garde dans les prospections avec son mari.

Au sommet de la pointe avancée de l'éperon, R. Grosjean dit à sa femme : — Passe dans ce trou de renard et regarde si tu vois, en coupant le maquis avec la serpette, des murs appareillés en gros blocs non cimentés —. Ce fut de cette manière, comme l'avait pensé son mari, que Jacky se heurta au mur vertical d'une vaste construction circulaire en pierres sèches et que, pour la première fois en Corse, une construction d'aspect nouragique fut décelée. C'était la naissance d'un second vaste programme de recherches préhistoriques en Corse qui durant les années suivantes, avec la découverte de constructions similaires, fournira des lumières sur une civilisation alors encore inconnue : la civilisation des constructeurs de *torre*.

Dans cet ouvrage, nous conduirons les visiteurs à travers une dizaine de monuments parmi les plus caractéristiques de cette civilisation qui, figée, en Corse, à son stade archaïque, présente une grande importance pour l'étude et la connaissance de l'Age du Bronze dans le bassin méditerranéen.

CARACTÉRISTIQUES DES MONUMENTS

Depuis 1954, près d'une centaine de monuments cultuels isolés ont été recensés, ayant parfois conservé la coupole en encorbellement qui généralement les couvrait : des citadelles, des forteresses, des enceintes et des habitats : ouvrages que l'on peut, avec certitude, attribuer à une culture allogène qui, à l'Age du Bronze, marqua exclusivement le Sud de l'Ile, au-dessous d'une ligne Ajaccio-Solenzara. Il est certain que ces réalisations monumentales corses, bien apparentes même à travers et sous le maquis, avaient attiré l'attention de passants qui ne pouvaient manquer de les remarquer : les bergers et chasseurs à qui rien n'échappe ; promeneurs, et même les enfants qui, de tout temps, se sont amusés à faire basculer les grosses pierres supérieures des murs et des édifices pour les voir et les entendre rouler sur les fortes pentes et, quelquefois, les précipices entourant les chaos rocheux sur lesquels ces monuments ont presque toujours été construits.

Bien que les visiteurs d'antan aient trouvé insolites ces constructions massives, qui n'avaient rien de commun avec ce qu'ils connaissaient dans leur région et dans leur pays, ils les qualifiaient vaguement de *ruines médiévales, génoises,* de vieux châteaux *(castelli)* et — ce qui dans l'esprit de la population représente le critère de la plus haute antiquité — de ruines *sarrasines.*

Ces ensembles monumentaux sont toujours situés sur des emplacements élevés, au sommet de collines, de pitons rocheux, sur des contreforts, des saillies et des ressauts montagneux, ainsi qu'aux extrémités d'éperons *(fig. 5).* En bref, sur des positions d'où ils sont vus aussi bien de près que de loin et sur des points stratégiques de large surveillance et de défense efficace — défense d'ailleurs dirigée à l'encontre d'autres ennemis, en particulier les autochtones de la civilisation *mégalithique* synchrone.

L'entrée de ces monuments fait face aux habitats, proches ou lointains, du groupe qui les utilisa. Leur altitude varie, de quelques dizaines de mètres pour ceux situés à proximité de la mer, à plus de 1 000 mètres pour ceux se trouvant dans les montagnes de Cagna et de l'Ospedale.

Les monuments corses, isolés ou non, à *cella* ou à *galeries,* ne sont ni des demeures de chefs, de potentats du culte, ni des forts, ni des donjons de dernière résistance. Les réalités archéologiques obligent à attribuer à l'ensemble de ces monuments circulaires une finalité cultuelle plus précisément axée sur des rites funéraires. Les raisons majeures qui imposent cette destination sont d'une part l'exiguïté d'espaces internes et, d'autre part, la présence dans les fouilles archéologiques de débris osseux plus ou moins carbonisés, tantôt humains, tantôt d'animaux, tantôt des deux.

Parler, à leur propos, de *Temples du Feu* — il en existait, à la même époque, au Moyen-Orient — c'est définir leur affectation originelle en Corse et vraisemblablement aussi en Sardaigne par les *nuraghi* les plus archaïques ; mais cela n'interdit pas des destinations secondaires imposées par la conjoncture, telles que la surveillance et la défense occasionnelles — pareillement, au Moyen Age, des églises étaient fortifiées et aménagées pour la défense tandis que des guetteurs étaient placés en permanence dans les clochers, lorsqu'il y avait conflit ou danger —. Ce ne fut que postérieurement, au Torréen moyen ou Torréen II *(v. table, page 23),* que les ensembles monumentaux construits autour et à partir du monument cultuel primitif se trouvèrent employés comme habitats de prêtres ou du clergé chargé du culte.

CONNAISSANCE DES TORRÉENS

La culture torréenne ne pouvait ni être le produit d'une évolution locale, ni s'être spontanément ou lentement créée en Corse. Le long Néolithique qui débute dans l'Ile au VIIe millénaire B.C., débouche sur des sépultures dolméniques, ainsi que sur les premiers monolithes en rapport avec les sépultures, à la fin du IVe millénaire — premiers siècles du IIIe millénaire B.C..

Les Torréens sont des intrus dans une culture de tradition mégalithique.

Pendant les premiers siècles du début de la seconde moitié du IIe millénaire B.C. l'archéologie nous apprend que le bassin méditerranéen fut profondément perturbé sur presque toute son étendue. Pour la Corse, les statues-menhirs armées sont des témoignages précieux car, selon les études extensives de R. Grosjean, elles ne représentaient pas les Mégalithiques indigènes qui les avaient pourtant créées et élevées, mais des ennemis : les envahisseurs étrangers qu'ils combattaient ou qu'ils avaient combattus.

La motivation qui conduisit les Mégalithiques à statufier leurs antagonistes étrangers est complexe : elle s'inscrit entre la figuration commémorative du trophée, souvenir d'une victoire, et la captation magique de la vertu de l'ennemi. Notre propre culture occidentale résiste à l'idée que l'on puisse élever à l'ennemi défait un monument qui le valorise. Une mentalité plus pastorale s'affirme pourtant, qui magnifie l'adversaire pour en capter l'énergie. Quoi qu'il en soit, cette motivation excita le génie de la création artistique chez les proto-Corses. En effet, pour la première fois en Europe occidentale, la statuaire monumentale qu'ils conçurent et élaborèrent il y a 3 500 ans *(1)*, quoi qu'encore empreinte de symbolisme et de schématisme, annonce le réalisme et le naturalisme, et préfigure, de nombreux siècles à l'avance, les statues archaïques grecques et étrusques.

Les ennemis des Mégalithiques n'étaient pas des artistes ; au contraire ils se conduisaient en iconoclastes, détruisant principalement les statues qui les représentaient. Les fouilles sur le terrain ont révélé des preuves de destructions antiques et volontaires de menhirs-stèles et surtout de statues-menhirs armées, principalement à Filitosa. Les menhirs et les statues-menhirs avaient été débités en gros fragments, généralement d'un mètre de haut, et réemployés avec d'autres blocs de même taille comme matériaux de construction de monuments circulaires. L'Abbé Breuil l'a confirmé ainsi dans sa préface *(op. cit. R.G.35)* :

> « *Voilà donc entrevus deux états de choses successifs, le dernier détruisant ce que l'autre avait laissé, et profanant les hauts-lieux sacrés pour les surmonter de constructions plus proches, sans doute, de celles qui se trouvent dans les îles de la Méditerranée occidentale.* »

Qui étaient ces envahisseurs ? D'où venaient-ils ? Pour quelle raison prirent-ils pied en Corse ? Jamais, peut être, une réponse ne pourra être donnée. Cependant, la comparaison entre certaines statues-menhirs corses *(fig. 3)* et les bas-reliefs égyptiens de Medinet-Habu *(fig. 4)* a permis à R. Grosjean d'identifier les envahisseurs de la Corse aux **Shardanes,** un peuple qui faisait partie de la confédération des **Peuples de la Mer.** Ces guerriers, représentés par les bas-reliefs égyptiens, sont identiques aux conquérants représentés par les statues-menhirs armées de Corse : vêtus de cuir, protégés, de plus, par des corselets, la tête coiffée d'un casque à cornes, armés de longues épées et de poignards.

On peut maintenant présumer que c'est aux « Peuples de la Mer », et probablement aux « Shardanes », vagabonds de la Méditerranée à partir du XVIIe siècle B.C., que sont dus :
— la propagation de la construction en appareil cyclopéen ;
— l'expansion de la voûte en encorbellement, technique d'origine atlantique plutôt qu'orientale *(fig. 7)* ;
— l'usage et le développement d'excellentes armes, épées et poignards en bronze ;
— la diffusion de coutumes cultuelles et funéraires donnant une grande importance au feu purificateur ;
— la procréation, au cours de leurs pérégrinations, de véritables civilisations.

La Corse reçut tout cela, certes en moindre quantité que d'autres contrées, mais avec l'appréciable avantage d'avoir connu ces énigmatiques Peuples de la Mer tout au début de leur aventure.

Il est prouvé qu'une colonie qui se fixe dans un pays doit comporter au minimum quelques centaines d'individus pour y vivre, pour y survivre, pour se reproduire et, surtout, pour proliférer. Pour les Torréens, on peut admettre qu'il s'agit d'une conquête suivant une arrivée relativement massive, sans être en mesure de pouvoir fixer le nombre de navires. En attendant de retrouver un jour les restes de l'une de leurs embarcations, il existe trois localisations possibles du débarquement des premiers Torréens et de l'installation de leur *tête de pont* originelle :

Fig. 4. Détail du bas-relief égyptien du temple de Medinet-Habu, représentant des marins-guerriers shardanes.

Fig. 3.
Plateau de Cauria (Sartène). Deux des statues élevées par les artistes de la culture mégalithique indigène, représentant des guerriers torréens les envahissant.

— Les embouchures des fleuves Taravo et Rizzanese, dans le golfe de Valinco. C'est une région favorable à la culture, à l'élevage et où les mouillages sont abrités. A l'appui de cette hypothèse, nombreux sont les monuments cultuels isolés au classique plan circulaire et à la couverture en encorbellement.
— Le fjord de Bonifacio, l'un des meilleurs abris naturels de la côte corse.
— Le magnifique golfe de Porto-Vecchio, à une trentaine de kilomètres de Bonifacio, où les monuments torréens sont nombreux mais de formes variées et non homogènes. Cependant, les mesures d'âges par le C 14 ainsi que la rencontre d'éléments comparatifs permettent de suggérer le débarquement des Torréens dans cette dernière région entre 1 600 et 1 400 B.C.

Quoi qu'il en soit, les premiers Torréens débarquèrent dans le Sud de la Corse, ce qui, *a priori*, rend très incertaine une quelconque provenance du continent via la péninsule italique ou par le tremplin des îles tyrrhéniennes. De la région où ils aménagèrent leur tête de pont, ils crurent suffisamment en force et en nombre — soit qu'ils reçussent des renforts, soit qu'ils enrôlassent des indigènes — pour parvenir, à plus ou moins brève échéance, à conquérir tout le Sud de l'île et à se fixer sédentairement dans les villages fortifiés disposés autour ou à proximité de leurs premiers monuments circulaires cultuels.

Il est très difficile d'apporter des éléments scientifiques aux premiers contacts entre les Torréens et les indigènes Mégalithiques ; rien ne leur était commun, tout prédisposait à l'antagonisme. Les Torréens, avant tout excellents navigateurs, n'en restaient pas moins des guerriers, utilisant le bronze et n'ayant pas l'habitude de l'industrie lithique. Ils étaient éleveurs de gros bétail, de bovins surtout, et parmi leurs cultes, celui du taureau était l'un des principaux. Ils construisaient avec une technique éprouvée en gros et très gros appareil, et recouvraient l'emplacement où leur culte funéraire se pratiquait, d'une voûte ou de dalles monolithiques devant défier le temps. A l'intérieur de leurs monuments cultuels circulaires, ils incinéraient très vraisemblablement leurs morts — ou certains d'entre eux (Balestra, Foce, Torre, Filitosa). — Ils ne représentaient ni la figure de l'homme, ni celles des animaux et ne pratiquaient aucun art plastique, hors la céramique avec quelques pauvres décors.

Par contre, les Mégalithiques autochtones, qui occupaient la totalité de la Corse, étaient des pasteurs de petit bétail, ovins et caprins, et ils tissaient leurs vêtements. Leur industrie et leurs armes étaient presque exclusivement lithiques avec une prédilection pour l'obsidienne importée du Monte d'Arci, en Sardaigne. Ils nomadisaient et leurs habitats étaient des abris sous roche et des grottes occasionnellement occupées, à proximité de leurs zones de pacage et en fonction de leurs obligations de transhumance ; parfois ils s'installaient aussi et vivaient dans des camps sommairement retranchés, perchés comme des nids d'aigle, où quelques fonds de cabanes rectangulaires en gros blocs aménagés nous sont restés. Ils enterraient leurs morts dans de grands coffres et sous des dolmens. Ils élevaient des menhirs-stèles qui se transformèrent progressivement en statues-stèles, principalement à l'image des ennemis auxquels ils avaient ôté la vie. Ils étaient artistes et leur sens esthétique s'est manifesté sur de petits objets, sur les parois de leurs sépultures et, surtout, s'est matérialisé dans la grande statuaire anthropomorphe qu'ils ont créée et qui nous a laissé, de toute la Méditerranée occidentale, les premières statues monumentales réalistes et naturalistes, chacune d'elles représentant un personnage bien déterminé.

Au début ce fut inévitablement l'état de guerre entre les Torréens et les Mégalithiques déjà parvenus à leur stade artistique. Ces derniers furent submergés non par le nombre, mais par la technique de leur adversaires. Vaincus, ils furent refoulés vers le Nord de l'Ile ; ceux qui, rares, connaissaient déjà la sédentarisation se laissèrent aisément dominer, devinrent des alliés fournissant une main-d'œuvre rompue à l'édification des murailles en gros appareil et, ainsi, s'intégrèrent, peu à peu, à ce courant civilisateur. La fraction la plus traditionnelle et, sans doute la plus importante, où dominait le mode de vie pastoral, réfractaire à ce courant, se montra inassimilable et sa réaction à l'accroissement du poids de la population sédentaire deviendra, plus tard (Torréen moyen), efficace. Le témoignage le plus symbolique de ce conflit entre deux ethnies humaines radicalement hostiles se trouve à Filitosa.

Les autochtones, en effet, continuent à ériger des monuments mégalithiques, mais ces derniers accusent le contre-coup de la présence torréenne. Dans les dolmens, on ne trouve plus d'obsidienne, preuve de l'arrêt de l'importation de ce matériau, conséquence du blocage des communications avec les gisements de la Sardaigne. Quant aux menhirs, ils représentent maintenant l'envahisseur sous ses caractéristiques essentielles, et parfois avec un tel souci d'exactitude qu'il est possible de reconstituer son armement avec une précision surprenante.

Cette conquête ne donne pas lieu à un développement considérable de la culture torréenne et de ses manifestations typiques. Les nouveaux venus semblent végéter, soit qu'ils restent soumis à la pression

des mégalithiques, soit qu'ils se scindent en fractions concurrentes. La conjonction de ces deux facteurs, jointe à l'affaiblissement des relations avec la culture-mère, expliquerait ce manque de dynamisme.

C'est la phase des enceintes et des villages fortifiés. Les Torréens entreprennent alors la construction de grands complexes défensifs. Certains sont bâtis autour de monuments cultuels antérieurs isolés et de villages de plein air lorsque leur situation coïncide avec les besoins stratégiques (Araghju). D'autres sont créés en des endroits de plus en plus reculés dans la montagne (Altagène, Cururuzzu). C'est ainsi que l'on rencontre des extensions depuis le noyau monumental primaire, exécutées en deux ou trois temps, à un ou deux siècles d'intervalle ; on note également l'implantation de certains sites sur des ressauts offrant la possibilité de s'évader vers la montagne ou vers un refuge supérieur, construit à l'avance, en cas de besoin (Araghju).

C'est ensuite une période d'affaiblissement progressif : la destination des monuments, antérieurement cultuels, se trouve modifiée pour une utilisation plus profane — habitation ou défense — ; les objets d'art ou de parure sont réduits à quelques pendeloques et perles en pierre tendre ; les objets métalliques restent très rares ; la céramique offre toujours ses formes lourdes traditionnelles et sa pâte grossière, et la relative rareté de grandes jarres paraît indiquer que les réserves étaient peu abondantes. Enfin, l'ensemble du mobilier témoigne d'une extrême indigence économique et esthétique.

La lente déchéance de la culture torréenne a dû encourager les pasteurs autochtones à tenter une reconquête : ils avaient conservé l'essentiel de leurs traditions, et l'élimination progressive de la présence torréenne a pu leur donner l'occasion d'élever une nouvelle série de statues-menhirs dans les régions ainsi récupérées. Il est en effet logique d'attribuer à cette phase la présence de statues-menhirs armées non brisées, à proximité des points forts torréens qui seraient tombés les uns après les autres. De toute façon, la longue aventure torréenne s'acheva sur un échec et, vers 800 B.C., les derniers représentants de cette civilisation ont disparu. Sur les sites abandonnés, des autochtones se fixent, bénéficiant des infrastructures et des vestiges culturels : les complexes fortifiés deviennent des lieux où se répercute l'écho atténué de la civilisation rejetée.

Tout contact semble rompu avec la Sardaigne, puisque rien du mobilier si typique des *nuraghi* d'alors n'est parvenu en Corse ; par

Fig. 5. Quelques sites aménagés par les Torréens tels qu'on les rencontre dans le chaos rocheux des montagnes du Sud de l'Ile. De haut en bas et de gauche à droite : a) Castello, environs de Tizzano ; b) Castello à droite de la route montant à l'Ospedale ; c) Castello aux environs de Sartène ; d) Castello de Murato : enceinte torréenne.

contre s'affirment dans l'Ile des influences venues d'Italie du Nord. Dans le Nord de l'Ile, resté en dehors du grand conflit, la tradition du menhir se maintient et les dernières statues-menhirs sont caractérisées par une technique plus élaborée et par l'absence d'armes, leur permettant de gagner en gracilité ce qu'elles perdent en puissance.

Ainsi, dans cet Age du Bronze, la Corse, si difficile à pénétrer, aura déjà opposé avec succès à une civilisation intruse ses remparts naturels et moraux. Les autochtones mégalithiques corses avaient cette puissance à la fois dynamique et statique, qu'on peut qualifier au choix de qualité ou de défaut, l'amour de l'indépendance farouche et, partant, refusaient totalement toute ingérence et toute pénétration étrangère dans leur hinterland. Sans doute étaient-ils perméables, par contre, aux nouveautés spirituelles, car leurs ancêtres néolithiques avaient parfaitement adopté la religion mégalithique, la modelant cependant selon leur inspiration. Ces caractères marquants du substrat corse se retrouvent chez leurs descendants, qui formèrent une nouvelle ethnie corse à partir des premiers siècles du premier millénaire B.C., race dont les caractères se conserveront fondamentalement jusqu'à notre époque contemporaine

L'intérêt majeur de la civilisation torréenne de Corse est qu'elle se situe tout à fait à l'aube de deux autres civilisations méditerranéennes parentes, celle de Sardaigne et celle des Baléares, et qu'elle s'affaiblit au point de disparaître de Corse, au moment même où commence l'extraordinaire apogée de la civilisation nouragique dans l'Ile voisine.

Nous avons la certitude qu'il existe un ou plusieurs points communs entre les civilisations de l'Age du Bronze corse et sarde. De même, les découvertes faites dans l'une des deux îles doivent obligatoirement servir une meilleure connaissance de l'autre, car nous sommes convaincus qu'il s'agit d'une grande et même civilisation de navigateurs guerriers et de constructeurs qui débarqua, en une ou plusieurs fois, simultanément ou non, sur certains rivages sardes et corses, mais qui enfin choisit la Sardaigne comme patrie de prédilection.

Nous allons nous promener parmi quelques-uns de leurs vestiges situés dans les endroits les plus pittoresques des monts et des vallées de la Corse du Sud. Pour la facilité du circuit nous avons séparés les monuments à visiter en deux groupes :
— groupe SUD-OUEST, ou du Sarténais ;
— groupe SUD-EST, ou de la région de Porto-Vecchio.

---

(1) Le deuxième ouvrage dans cette collection, à paraître prochainement : « *Mégalithes et statues-menhirs de Corse* ».

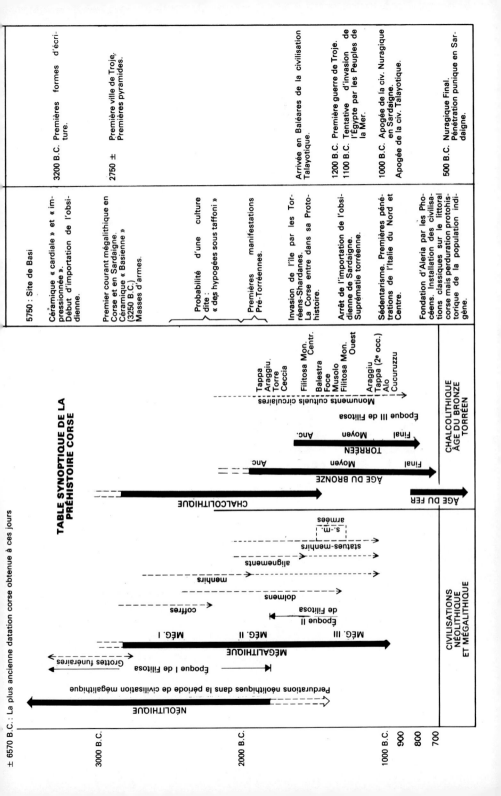

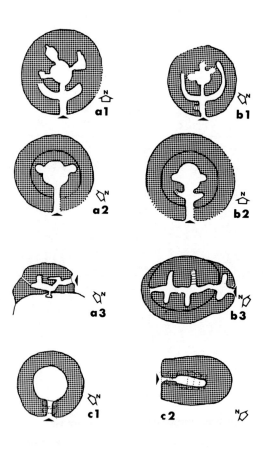

Fig. 6.
Quelques plans de monuments protohistoriques méditerranéens, ayant entre eux des traits en commun :

Corse :
a1) Torre de FOCE ;
a2) Torre de BALESTRA ;
a3) Torre de TORRE ;

Sardaigne :
b1) Nuraghe MURARTU-Silanus ;
b2) Nuraghe SA COA FILIGOSA-Bolotana ;
b3) Nuraghe TUSARI-Bortigali ;

Baléares :
c1) Talayot de S'ALCADENA ;
c2) Naveta septentrionale de RAFAL RUBI NOU.

Fig. 7.
Reconstitutions graphiques de quelques monuments décrits dans le texte :
a) Ceccia ;
b) Balestra ;
c) Filitosa Ouest ;
d) Foce ;
e) Tappa.

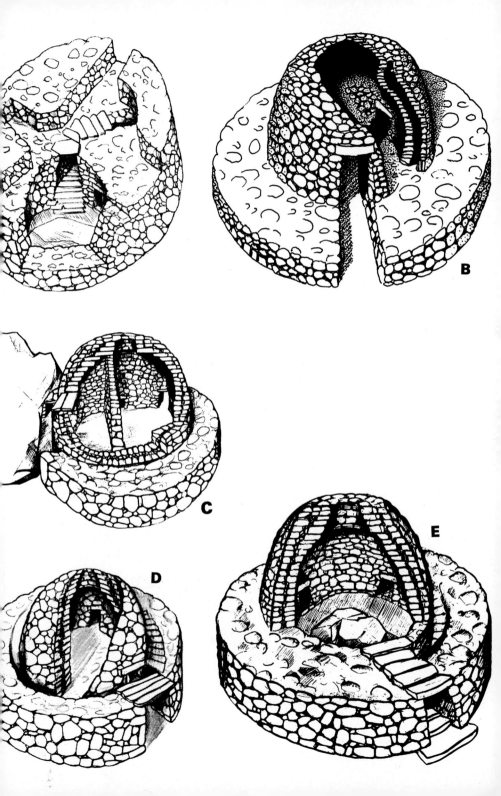

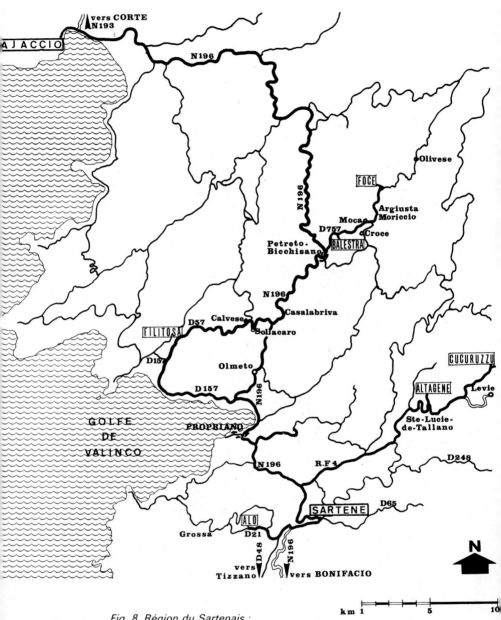

Fig. 8. Région du Sartenais :
situation des sites torréens recommandés pour la visite.

MONUMENTS TORRÉENS DU SARTENAIS

1. FILITOSA

2. BALESTRA

3. FOCE

4. CUCURUZZU

5. ALO - BISUCCE

FILITOSA :

Haut lieu de la Corse préhistorique

**Situation régionale ;
accès** *(v. fig. 8, p. 26)*

Des différentes routes menant à Filitosa, on choisira, en fonction d'où l'on vient, l'un ou l'autre des deux itinéraires divergents de la route nationale N 196 :

Arrivant d'Ajaccio :

Après Casalabriva, quitter la N 196 au col de **Celaccia** pour emprunter à droite la N 851. Après et sous **Sollacaro,** prendre à gauche la route départementale D 57 traversant **Calvese** et parvenant, 5 km après Sollacaro, devant Filitosa.

Arrivant de Sartène :

Entre **Propriano** et **Olmeto,** 5 km après Propriano, on trouvera à gauche la route côtière D 157 qui conduit à Porto-Pollo et qui, 9 km après, rejoint la D 57 avant traverser le Taravo. Filitosa se trouve 4 km plus loin, sur la D 57.

La rivière Taravo prend sa source au-dessus du col de Verde, sur les pentes du Monte-Grosso (1 898 m). La haute et la moyenne vallée sont encaissées et ce n'est qu'à partir du pont de Calzola sur la N 851 que le fleuve commence à charrier des alluvions fertiles. Il se jette dans la mer au nord du golfe de Valinco, à 2 km de Porto-Pollo.

Bien que la région de Filitosa soit vallonnée, elle appartient à la plaine fertile du bas Taravo. L'altitude du gisement est de 60 mètres au-dessus du niveau de la mer, tandis que les deux chaînes de montagnes parallèles au fleuve qui limite au Nord et au Sud la vallée, ont des altitudes décroissantes à partir de 1 000 mètres.

La nature régionale du terrain est granitique, en voie d'arénisation, tandis que le fond des vallées est constitué de sable et d'argiles noires de marécages.

L'économie de la région bénéficie de l'élevage de bovins et d'ovins ; des cultures de blé, de maïs et d'avoine. Le pays est planté de chênes et d'oliviers, ces derniers retournant peu à peu à l'état sauvage. Le maquis est cependant tenu à distance. Au cours des premières prospections archéologiques du site, en 1954-1955, l'éperon était couvert d'une végétation dense et luxuriante.

*Fig. 9.
Filitosa. Monument
cultuel torréen central.*

Successions archéologiques et chronologiques rencontrées à Filitosa

Avant d'entreprendre la visite du gisement, il est conseillé de lire cette courte notice archéologique pour mieux comprendre les trois grandes époques principales qui jalonnent la longue occupation de Filitosa pendant la préhistoire.

Les subdivisions existantes dans chacune des trois époques n'ont été que brièvement indiquées, tandis que celles non représentées dans le site ont été laissées de côté.

Époque 1

L'époque 1 de Filitosa est celle du Néolithique : elle couvre plusieurs millénaires et comporte au moins une culture propre à la Corse. Avec le Néolithique ancien, caractérisé à Filitosa par l'usage de la première céramique méditerranéenne jamais façonnée, nous avons les témoignages de l'arrivée des premiers occupants du site au début du VIe millénaire avant notre ère *(Atzeni : 202)*. Le Néolithique perdura en Corse et à Filitosa jusque vers la fin du IIe millénaire B.C., côtoyant, sans rompre ses traditions, des nouveaux venus qui apportaient avec eux des techniques et des cultures — peut-être même des éléments ethniques — attribués aux porteurs de cuivre et de bronze. Le Néolithique dans sa phase finale ne disparut du Sud de l'Ile que sous la poussée des Torréens, entre 1 600-1 400 B.C.

Époque 2

L'époque 2 de Filitosa est celle, brillante et spectaculaire, de l'étonnante évolution artistique terminale (vers 1 400 B.C.) de la culture mégalithique corse. Plus que d'une culture, il s'agit d'un courant religieux qui s'étendit au monde entier en des temps et sous des formes quelquefois bien différentes. Dès la fin du IVe millénaire B.C., ce vaste courant religieux, appelant les manifestations monumentales funéraires classiques des coffres, des dolmens et des menhirs, trouva dans la population corse du Néolithique récent un terrain des plus accueillants et des plus propices à engendrer l'évolution. Celle-ci s'est lentement matérialisée ; d'abord, par des monuments funéraires aux dalles façonnées et polies, et par des monolithes dressés et alignés par dizaines, régulièrement travaillés de 2 à 4 mètres de haut en silhouette humaine ; ensuite, vers la moitié du IIe millénaire, soit au Néolithique final, par le développement harmonieux du menhir-silhouette en menhir anthropomorphe, puis définitivement en menhir-statue sans arme, puis armé. Ce stade artistique, ayant ses racines profondes dans un culte non encore connu par les préhistoriens, caractérise l'époque 2 de Filitosa. Par ailleurs il est maintenant certain que Filitosa, à son époque 2, fut le grand centre de la culture artistique mégalithique de la Corse. Si le début du Mégalithisme insulaire n'est guère représenté à Filitosa, alors qu'il est nettement présent en d'autres lieux de cette même vallée du Taravo, l'époque 2 de Filitosa est particulièrement riche et pleine d'enseignements sur le site. Elle démontre que le menhir aniconique corse était une statue en puissance et que la statue-menhir avait chez les proto-Corses la même signification et la même finalité cultuelle. C'est ainsi que pour l'un comme pour l'autre, chacun de ces monolithes était la représentation d'un personnage défunt, image associée à un culte inconnu de ces artistes et non de ceux représentés. Avec certaines statues et en particulier avec la remarquable Filitosa IX, ce stade artistique atteint à Filitosa le chef-d'œuvre pour cette haute époque. A un certain moment, peu de temps après que survint le grand événement qui marque de manière indélébile l'époque 3 de Filitosa, c'est-à-dire l'envahissement du Sud de la Corse par les Torréens, les statues méridionales représentèrent exclusivement des guerriers conquérants, avec leur armes de type méditerranéen, sculptées en bas-relief. Ce fut à ce stade d'état de guerre que Filitosa fut puissamment fortifié.

Époque 3

L'époque 3 est celle de l'occupation de Filitosa par les Torréens *(v. chap. précéd. : Connaissance des Torréens)* qui l'aménagèrent selon leur habitude, par une enceinte barrant l'éperon et le circonscrivant, par l'édification d'un monument cultuel sur le point culminant du centre de l'éminence et, parmi les grandes constructions, par des habitats aux murs curvilignes. L'éperon de Filitosa, avec ses trois monuments et son village torréen est à l'origine d'une part considérable de l'ensemble des renseignements réunis et des résultats enregistrés sur la civilisation torréenne corse.

Ces trois époques de Filitosa représentent les trois stades les plus importants de la préhistoire de la Corse. Filitosa, à lui seul, lors de chaque occupation, nous apporte quelque chose d'exceptionnel et de particulier : c'est là que réside son grand intérêt.

Filitosa et les autres monuments décrits dans ce guide, nous offrent des éléments nouveaux et intéressants pour la connaissance du IIe millénaire B.C. qui couvre tout l'Age du Bronze.

Visite commentée du gisement de Filitosa et de son Centre de Documentation Archéologique

Il est conseillé de visiter le site en fin de matinée, début d'après-midi : l'éclairage des statues met alors en valeur les détails des sculptures et des gravures.

Les monuments et les vestiges archéologiques, pour plus de clarté, sont décrits dans l'ordre numérique du plan fig. 19, page 40. Leur rapport avec le plan est indiqué par les chiffres romains et sigles correspondants.

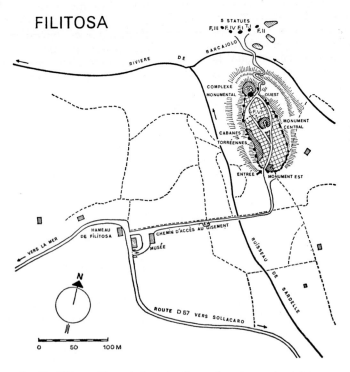

Fig. 10. Filitosa. Plan général du site aménagé pour la visite.

Fig. 11. Filitosa. Vue aérienne du site.

Fig. 12. Filitosa. Statue-menhir Filitosa V, vue de face et de dos.

Le gisement *(plan, fig. 10)*

Dès l'entrée, on laisse à droite le Centre de Documentation Archéologique qu'il est conseillé de visiter au retour de la promenade. A proximité du Centre, la statue-menhir **Filitosa V** a été relevée à une centaine de mètres de son lieu de découverte (fig. 12). Avec ses 3 m de haut, 1 m de large, et son poids de plus de 2 tonnes, elle est la seconde plus volumineuse statue-menhir de Corse. De face elle est superbement armée avec, en bas-relief, une longue épée et un poignard dans son fourreau à bouterolle ; de dos, elle présente des détails anatomiques ou vestimentaires. Le haut de la tête semble avoir été anciennement sectionné.

Après avoir parcouru 250 mètres, on parvient à l'éperon renfermant le gisement principal qui mesure 130 m de long pour une largeur moyenne de 40 mètres.

I. et II. L'enceinte. *(fig. 13)*

Il est difficile à dater l'enceinte cyclopéenne barrant l'éperon, mais il est sûr que son appareil est entièrement différent de celui du monument Est accolé. Les blocs de rochers défensifs, d'un poids quelquefois de plusieurs tonnes, et qui primitivement faisaient le tour de l'éperon, sont encore visibles superposés en certains points (v. XXI). Des blocs éboulés sont dispersés sur les flancs des pentes descendant vers les deux petites vallées qui bordent le gisement au Nord et au Sud (v. XVIII).

III. Rocher à taffoni internes.

Visible à droite de l'entrée du gisement, au dos du Monument Est. Les *taffoni* se prolongent en une sorte d'abri jusqu'au niveau archéologique du monument.

Fig. 13. Filitosa. Partie de l'enceinte cyclopéenne barrant l'éperon.

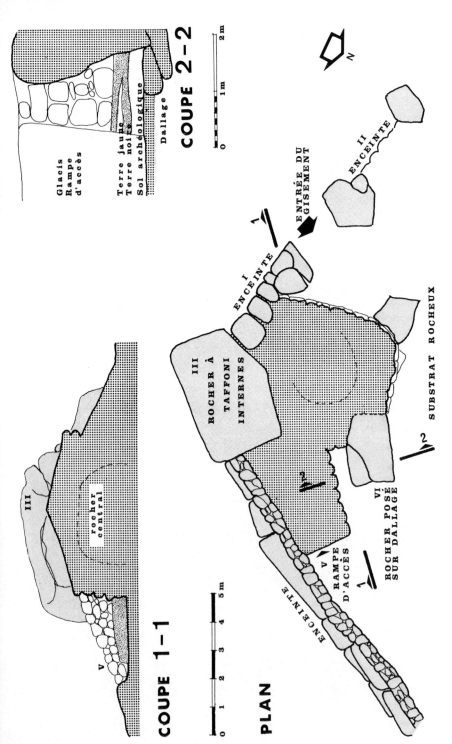

Fig. 14. Filitosa. Plan et coupes du Monument Est.

Fig. 15. Filitosa. Monument Est : Rampe et rocher posé.

IV. Monument Est. *(fig. 14)*

Situé à droite, en pénétrant dans le gisement, et appuyé contre le gros rocher III. Ce monument de 5 m de diamètre, fort probablement de l'époque torréenne d'après sa différence d'appareil et de construction avec l'enceinte, fut trouvé entièrement muré. C'est un monument à remplissage volontaire, sans parement interne, donc, *a priori,* sans **cella**.

Ses destinations possibles sont :
— destination funéraire à l'intérieur du monument, avant recouvrement et édification extérieure ;
— la surveillance, comme l'expliquerait la présence de la rampe d'accès V sur le sommet, et sa position dominante juxtaposée à l'enceinte ;
— la célébration de rites sur le monument.

V. Rampe d'accès au monument Est. *(fig. 15)*

Cette rampe en pierres *(v. coupe 2-2 de la fig. 14)* a une largeur moyenne de 2,50 m ; est appuyée au SE sur l'enceinte et fait communiquer, en plan incliné, le niveau du sol au sommet du monument.

VI. Rocher posé.

Ce rocher, au NE du monument Est, de plus de 2 m de haut et 2 m de long, variant entre 1 et 2 m de large, et d'un poids évalué à 15 tonnes, a été volontairement encastré dans le monument. Il repose par deux pointes sur un dallage surmonté d'une couche noire archéologique, qui s'enfonce avec cette couche sous le monument. Dans le réduit constitué par l'intervalle entre ce rocher et la rampe d'accès, R. Grosjean a trouvé sur le dallage les restes d'un foyer, formé de pierres plates sur chant dont l'une, carrée, est creusée d'une petite cupule polie *(fig. 16 à gauche).* La seconde pierre plate, à droite de la même photo, carrée également et portant deux petites cupules polies ressemblant à deux yeux, a été trouvée lors du sondage du remplissage du monument.

Fig. 16. Filitosa. Monument Est : pierres plates à cupules.

Fig. 17. Filitosa.
Fragments d'un grand monolithe abandonné en cours de façonnage.

VII. Un des lieux d'extraction des menhirs. *(fig. 17)*

Dans cet endroit de la rupture de pente, au Nord, ont été trouvés deux des fragments d'un grand monolithe abandonné en cours de façonnage. Le fragment supérieur, de 4 m de long, a la pointe arrondie.

VIII. Substruction d'un mur de l'époque torréenne.

Avant d'arriver au monument central, on rencontre un soubassement de mur de pierres sèches limité à la représentation donnée sur le plan ; sa hauteur n'excède pas deux superpositions de pierres, soit une moyenne de 45 cm. Ce vestige semble être lui aussi en rapport avec l'époque torréenne de Filitosa.

IX. Monument cultuel central.

Voir plan en détail : fig. 18, page 39, ainsi que fig. 20 à 26.

Dans ce monument circulaire, d'un diamètre extérieur variant de 12 à 15 m, se confondent les deux dernières époques de Filitosa : époques 2 et 3.

En 1956, après le dégagement extérieur des pierres éboulées provenant de l'effondrement des parties supérieures du monument, le parement extérieur apparaît sans aucune ouverture. Certaines des pierres d'éboulis étaient des meules *(fig. 20)* qui sont actuellement exposées à l'extérieur du Centre de Documentation.

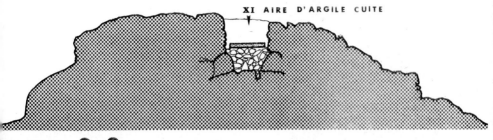
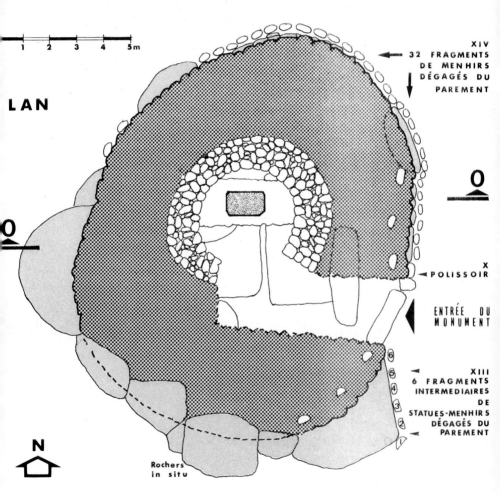

Fig. 18. Filitosa. Monument central : Plan et coupe.

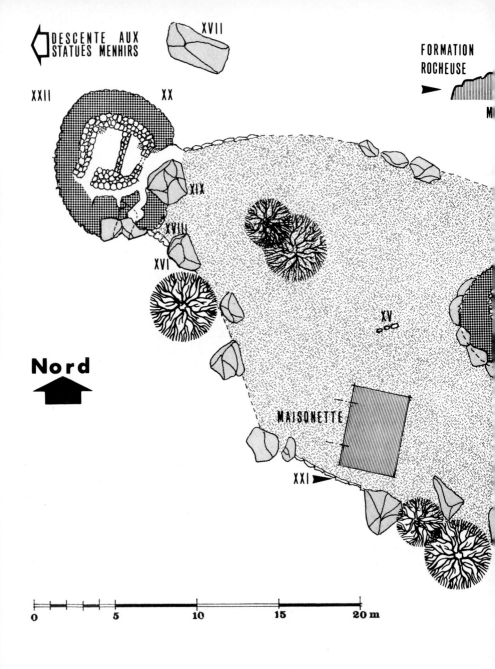

FIG. 19
**FILITOSA
PLAN GÉNÉRAL DU GISEMENT**

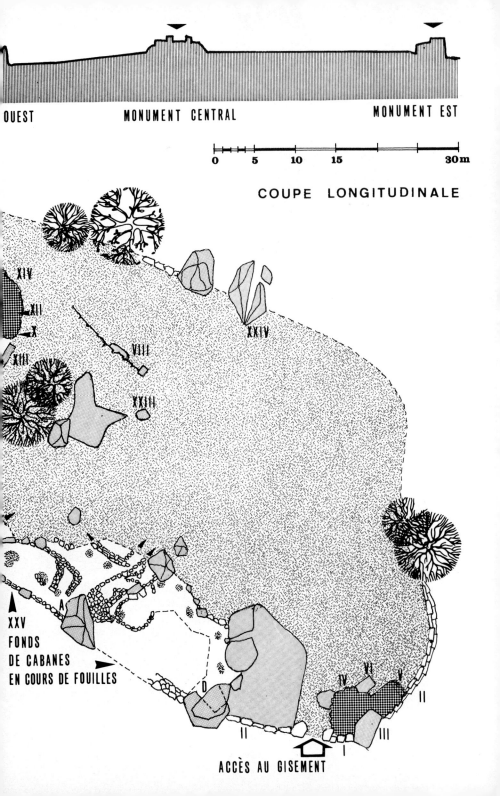

Fig. 20. Filitosa.
Quelques meules, mortiers et broyeurs, provenant des matériaux remployés dans le monument central.

X. Polissoir. *(fig. 9)*

Avant d'entrer à l'intérieur du monument cultuel central, on a, à droite et à la base, un polissoir à double cuvette qui appartenait, suppose-t-on, aux époques 1 ou 2 et qui fut encastré verticalement au-dessus de la statue Filitosa IX, par les constructeurs de l'époque 3. Après le dégagement de la statue, le polissoir fut laissé en place.

XI. Aire d'argile cuite. *(fig. 21)*

A l'intérieur du monument, au centre de la cella, se trouve une aire d'argile cuite d'un peu plus de 1 m² de surface et d'environ 20 cm d'épaisseur. Elle surmonte un blocage sous-jacent en pierres sèches et une rigole creusée dans le substratum rocheux *(v. Coupe, fig. 18)*. Sur cet emplacement étaient allumés des feux rituels ou funéraires (incinération d'offrandes ou autres). Cet usage a d'ailleurs été constaté dans la plupart des monuments cultuels torréens de la Corse.

Fig. 21. Filitosa. La cella du Monument Central.

Fig. 22. Filitosa. Monument Central : fragments de statues-menhirs débitées, retirées au cours des travaux d'aménagement du monument.

XII. Six fragments supérieurs de statues-menhirs. *(fig. 22 et 23)*

Les six fragments présentés ont été retirés du parement extérieur circulaire ou recueillis dans les éboulis. Après le dégagement des fragments de statues, le monument fut remonté dans la forme où il avait été trouvé, et les six parties supérieures de statues furent appuyées ou élevées au plus près de l'emplacement où elles furent découvertes. On peut voir, remises en place sur le monument, de gauche à droite :

— **Filitosa VIII** *(fig. 23)*, hauteur : 69 cm ;
— **Filitosa XI** *(fig. 23)*, assez érodée, hauteur : 74 cm ;
— **Filitosa VII** *(fig. 23)*, armée et avec casque. Hauteur : 82 cm ;
— **Filitosa IX** *(fig. 22)*, non armée, avec casque. Elle fut trouvée couchée sur sa face, la tête dirigée vers l'extérieur, entre deux rochers naturels taillés verticalement en escalier. La statue ne semblait pas à sa place dans les pierres du monument : elle avait vraisemblablement glissé de sa position de réemploi. Sa hauteur : 1,02 m ;
— **Filitosa X** *(fig. 22)*, hauteur : 74 cm ;
— **Filitosa XIII** *(fig. 22)*, elle avait été réemployée comme dernière pierre du bas du parement extérieur du monument, couchée sur le ventre, la tête dirigée vers l'intérieur et la section brisée à l'extérieur *(fig. 25 et 26)*, comme c'était l'habitude pour les fragments de menhirs et de statues. Elle est armée d'un poignard ; sa hauteur : 1,01 m ;

Fig. 23.
Filitosa. Monument central : fragments de statues-menhirs.

XIII. Six fragments intermédiaires de statues-menhirs. *(fig. 23)*

A l'extrémité Nord du parement extérieur du monument était localisée une plus importante concentration de statues et de menhirs débités. Six fragments de ces statues, la plupart intermédiaires, sont actuellement exposés devant le monument, appuyés contre le rocher. De gauche à droite :

— **Fragm. 1 :** Était placé latéralement dans le parement. Il porte sur une face un poignard sculpté en biais et de très belle facture. Hauteur du fragment : 69 cm ;
— **Fragm. 2 :** Est l'ébauche d'une tête, avec l'ovale du visage. Sa hauteur : 48 cm ;
— **Fragm. 3 :** Fragment de statue armée. Il était placé latéralement dans le mur. Hauteur : 48 cm ;
— **Fragm. 4 :** Fragment gravé ; hauteur : 75 cm. Il était placé longitudinalement dans le parement.
— **Fragm. 5 :** Fragment de statue armée. Il était placé longitudinalement dans le parement, la plus petite section à l'extérieur. Sa hauteur : 75 cm ;
— **Fragm. 6 :** Est aussi un fragment de statue armée.

XIV. Trente-deux fragments de menhirs.

Dans le cadre de l'étude et de l'aménagement du monument central, ces 32 fragments de menhirs, sans aucune gravure apparente, ont été retirés du mur de parement où ils avaient été réemployés, après débitage, par les Torréens. *(v. fig. 24).*

Fig. 24. Filitosa.
Le monument central avant les fouilles : trente-deux fragments de menhirs.

Fig. 25.
Filitosa. Monument central.
Extraction (en 1959) de la
statue-menhir Filitosa XIII
remployé, comme de nombreux
autres fragments de statues,
dans le parement circulaire du
monument.
Vue de l'extérieur.

Fig. 26. Filitosa. Extraction de Filitosa XIII, vue de l'intérieur du monument central.

XV. Statue-menhir Filitosa VI.
(fig. 27 et 28)

En faisant le tour du monument central par le Nord, on parvient à la statue-menhir Filitosa VI, également brisée et dont il n'a été trouvé que trois fragments. Les deux fragments intermédiaires ont été retrouvés dans la partie détruite du monument central ; la partie supérieure avait été utilisée pour la construction d'une maisonnette de berger, située à proximitée, achevée en 1832. Elle était couchée sur le dos, la face servant de pierre de seuil, entre les deux pièces de la maisonnette. Heureusement elle a peu souffert dans ses riches et nombreux détails. Les trois fragments, superposés, ont une hauteur de 1,99 m.

*Fig. 27. Filitosa.
Le fragment supérieur
de la statue-menhir Filitosa VI,
vu de face.*

Fig. 28. Filitosa. Les trois fragments de Filitosa VI vus de dos.

Fig. 29. Filitosa. Abri sous roche N° 2 et sortie E(b), au Sud du monument Ouest.

XVI. Abri sous roche N° 2 *(fig. 29)*

Trente mètres plus loin, à l'Ouest de l'éperon, on parvient au complexe monumental Ouest, XX. Auparavant, à gauche, on peut voir une cavité d'aspect dolménique ouverte au Sud. Cet abri a renfermé une couche archéologique unique composée de céramique torréenne.

XVII. Abri sous roche N° 1.

A vingt mètres à droite, au Nord du monument Ouest, cet abri est formé par une vaste cavité située sous un énorme bloc de rocher, ouvert au Nord. Il servit successivement d'habitat et de sépulture au cours des occupations du site. Un sondage archéologique de cet abri s'est révélé très intéressant par la diversité du mobilier : trois couches ont été reconnues, dont les deux supérieures appartenant à l'occupation torréenne.

XVIII. Rocher. *(fig. 29)*

Ce bloc de rocher était à l'origine dressé sur sa base et faisait partie de l'enceinte mégalithique.

XIX. Rocher principal Ouest. *(fig. 30)*

L'imposant rocher marquant la pointe Ouest de l'éperon frappe immédiatement le visiteur du complexe de Filitosa. Il est percé de *taffoni* et strié de haut en bas de coulées d'érosion. Tandis que sa partie supérieure est légère et élégante, sa base est massive et repose à plat sur le sol primitif, lui-même constitué de dalles de granit. Ce sol était superficiellement recouvert d'une couche d'humus, surmontant une unique couche archéologique. Ce rocher est un point de repère que l'on aperçoit de toute la région ; le monument Ouest, construit par les Torréens après leur victoire sur les Mégalithiques y est, en partie, appuyé.

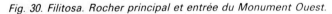

Fig. 30. Filitosa. Rocher principal et entrée du Monument Ouest.

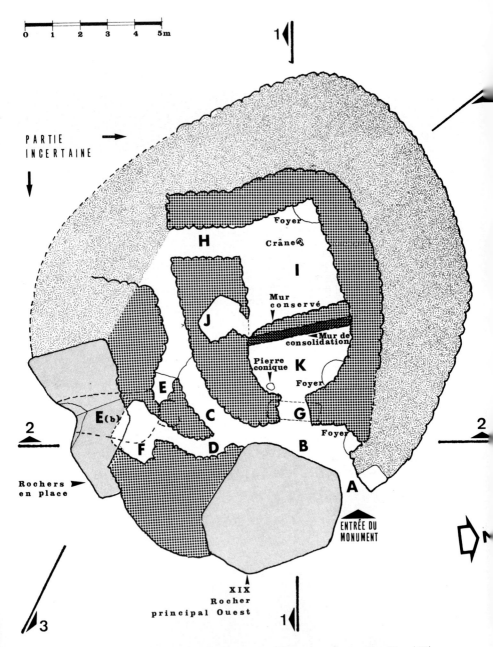

Fig. 31. Filitosa. Plan du Monument Ouest (v. coupes, fig. 41, p. 55).

Fig. 32. Filitosa. Extérieur du Monument Ouest. Plate-forme surélevée et base de la couverture primitivement en voûte.

XX. Complexe monumental Ouest.

Voir plan et coupes, fig. 31 et 41, et fig. 32 à 40.

De forme circulaire, avec un diamètre du parement extérieur variant entre 16 et 18 mètres, et d'une hauteur de 3 à 4 mètres, il fut remarqué par R. Grosjean dès ses premières visites sur le site en 1954 *(v. « Découvertes », p. 11)*, malgré la dense végétation qui le recouvrait. Les fouilles archéologiques du monument eurent lieu en 1959. Le complexe est implanté sur les rochers en place de la pointe de l'éperon ; le parement extérieur est construit avec de gros blocs à la base, qui vont en diminuant de volume en s'élevant.

A. **Couloir d'entrée A.** Dans le premier recoin à droite, sur le sol primitif, furent trouvés un foyer, des galets et nodules de granulite.

B. **Couloir B.** *(fig. 33).* Au niveau inférieur de ce couloir principal, rangées contre la base du gros rocher, furent trouvées vingt-deux pierres de fronde, ainsi que des tessons de céramique au fond du couloir.

C. **Diverticule C.** *(fig. 34).* D'une longueur de 2,50 m, son sol est construit sur un blocage, à un niveau plus élevé que celui de **B** et **D**. Il se termine par une rupture verticale au-dessus du puits **E** *(fig. 34)*. La présence dispersée de dalles et de fragments de dalles, relevée pendant les fouilles, rend très vraisemblable l'hypothèse que ce diverticule ait été couvert de la même façon que l'est encore le couloir **D**.

D. Couloir D. *(fig. 35).* La couverture de dalles de ce couloir s'est très bien conservée. La pente est douce sur les 3 mètres de la longueur et sous une hauteur de 1,50 m, puis descend rapidement dans la chambre F. Le remplissage interne était des 4/5 de la hauteur du couloir et une quantité importante de tessons de vases de grand diamètre fut récupérée lors des fouilles.

E. Couloir de descente E. *(fig. 34).* Ce couloir en forme de puits à marches grossières mais parfaitement appareillé latéralement, est couvert de linteaux en escalier inversé. A sa partie la plus basse (− 4 m), à gauche, le réduit **E (a)** très exigu et qui se perd dans les failles des rochers composant le substrat du monument ; à droite la chambre de sortie **E (b)**, une galerie sous roche de 1 m à 1,50 m de haut, de 1,60 m de large et de 3 m de long, qui aboutit à l'extérieur du monument, à Sud *(fig. 29).*

Fig. 33. Filitosa. Monument Ouest. Couloir B avec l'entrée G et, au fond, le diverticule D.

Fig. 34. Filitosa. Monument Ouest. En haut à gauche l'extrémité du diverticule C ; à droite, l'entrée du puits E.

F. Chambre F. Il s'agit plutôt d'une cavité ou d'un réduit naturel formé par la partie concave de *taffoni* dont on aperçoit le haut, formant toit, au fond du couloir **D**.

A ce stade nous avons décrit la première partie du complexe monumental Ouest : la partie des annexes.
La partie centrale est la **cella**.

G. Entrée de la cella. Elle fut trouvée soigneusement murée de l'extérieur *(fig. 36)*. Le linteau était brisé au centre mais encore posé latéralement sur les murs qui le supportaient ; on peut se demander si la cassure fut volontaire, pour compléter la condamnation de l'entrée, ou si elle fut naturelle, due à l'action du poids des matériaux d'effondrement le surmontant. Après avoir relevé et consolidé le linteau à sa place, R. Grosjean fit retirer les pierres qui fermaient l'entrée, pour présenter le complexe monumental dans son entier *(fig. 33 et 40)*.

Fig. 35. Filitosa. Monument Ouest. Couloir couvert D ; au fond, la cavité sous taffoni F.

Fig. 36. Filitosa. Monument Ouest : entrée G, murée.

Fig. 37. Filitosa. Monument Ouest : couloir H en cours de fouilles.

Fig. 38. Filitosa. Monument Ouest : cella I et K et, à droite, la cavité J.

H. **Couloir H.** *(fig. 37)*. Ce fut par le couloir H que R. Grosjean commença les fouilles de la partie centrale. A l'extrémité SO de la cella, se terminant dans la partie détruite du monument, ce couloir se prolonge sur 2,40 m, avec une largeur régulière de 1 mètre. Dans la couche archéologique du couloir H fut découverte une pierre-figure retouchée, d'une ressemblance remarquable avec une tête d'oiseau.

I. **Cella I.** *(fig. 38 et 40)*. Le sol de la cella I a subi l'action intense du feu. Les restes d'un crâne humain isolé ont été recueillis au point marqué sur le plan, fig. 31. Dans le coin NE de la cella, un foyer fut trouvé sur le sol primitif. Les matériaux de remplissage, de même type, même calibre et fréquences de pierres qu'aux monuments de Foce et Balestra, provenaient de l'effondrement de la couverture, très probablement en forme de voûte (fig. 7). La dernière utilisation de la cella I remonte aux environs du 1 200 B.C.

J. **Cavité J.** *(fig. 38)*. Un mur transversal sépare la cella I de la cella K. A l'extrémité de ce mur de séparation, au Sud, on trouve l'entrée sous linteau de la cavité J, de 1,60 m de haut sur 1,50 m de large, formée naturellement par les rochers du substrat, sous les murs de la cella I.

K. **Cella K.** *(fig. 38 et 40)*. Nous avons déjà remarqué que l'entrée principale de la cella K était murée, donc condamnée. Le mur de séparation entre I et K fut aussi construit à l'extérieur de K : le « dos » brut de ce mur étant vers l'intérieur de la cella K *(fig. 40)*. Enfin, le remplissage de cette pièce était volontaire, constitué de pierres placées le plus souvent à plat, avec l'absence de terre dans les parties supérieures. La raison de cette condamnation de la cella K est présumée rituelle. Après dégagement, le sol primitif fut trouvé très brûlé et composé d'une terre cendreuse, noire. Son niveau est plus bas que celui du couloir B.

Sur le sol fut trouvé un foyer, ainsi qu'une pierre conique bien travaillée, encore debout sur sa base plane et faisant penser à un bétyle *(fig. 39)* : hauteur 40 cm, diamètre à la base = 23 cm.

Fig. 39. Filitosa. Monument Ouest : pierre conique découverte sur le sol de la cella K.

Fig. 40. Filitosa. Monument Ouest. Vue vers l'Ouest de l'ensemble de la cella. Au premier plan le linteau de l'entrée G, relevé à sa place initiale. Au centre, le mur de séparation, consolidé, entre les parties K et I de la cella.

Fig. 41.
Filitosa. Monument Ouest : coupes
(v. plan, fig. 31, p. 48).

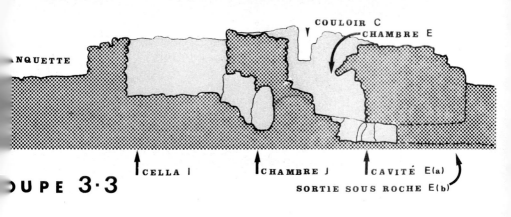

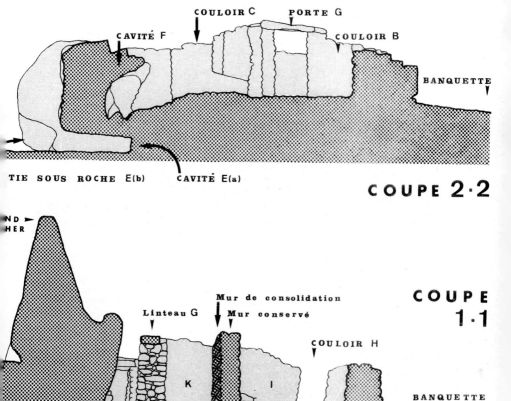

Fig. 42.
Filitosa. Mise au jour des fondations de cabanes de la civilisation torréenne.

Fig. 43.
Filitosa. Secteur des habitats où sont consignés les vestiges stratifiés des principales civilisations et cultures pré- et protohistoriques du site et de la Corse.

XXI. Enceinte la plus ancienne.

Sous la maisonnette de berger, qui avait été édifiée avec les pierres d'éboulis, des éléments de structures torréennes, des fragments de menhirs et de statues-menhirs *(v. aussi Filitosa XII ; N° 9 dans la description du Centre de Documentation p. 66),* il est possible de voir, sur une zone limitée, la superposition de blocs aménagés formant l'enceinte périphérique la plus ancienne de l'éperon, de la période mégalithique ou néolithique de Filitosa.

XXII. Formations rocheuses.

En descendant le chemin traversant ces formations rocheuses naturelles, on passe derrière l'abri sous roche N° 1 (XVII).

XXIII. Rocher avec ébauche de visage humain.

Situé en face du monument central, à l'Est d'un massif rocheux, ce rocher naturel a sur la partie supérieure une ébauche de visage humain très vraisemblablement de l'époque mégalithique de Filitosa. On peut distinguer la gravure des yeux, du nez et de la bouche.

XXIV. Rochers plats à cupules.

Trouvés en place.

XXV. Cabanes torréennes. *(fig. 42 et 43).*

Les cabanes du village torréen final sont toujours en cours de fouilles. MM. **J. Liégeois** et **G. Peretti,** du Centre de Préhistoire Corse, poursuivent les travaux archéologiques entrepris par R. Grosjean.

Ces cabanes surmontent des niveaux archéologiques plus anciens — époques 1 et 2 de Filitosa — qui ont été recouverts de terre par les archéologues, pour les protéger. Les substructions des époques 1 et 2 sont rares car, au Néolithique de l'époque 1, l'éminence n'était pas un habitat permanent et que, pendant la période 2 de la culture mégalithique, elle fut exclusivement employée comme lieu de culte. Ce ne fut qu'à partir de l'époque 3 torréenne qu'apparurent les constructions sédentaires, qui restèrent en usage jusqu'aux premiers siècles du 1er millénaire B.C.

Fig. 44.
Filitosa. Statue-menhir Filitosa III vue de dos. Dans le fond, l'éperon barré du site.

Fig. 45.
Filitosa. Statue-menhir Filitosa III
vue de face.

Fig. 46. Filitosa. Statue-menhir Filitosa IV à sa découverte.

Fig. 47. Filitosa. Statue-menhir Filitosa IV après restauration.

A peu de distance, au SE, se trouve l'abri sous roche D, fouillé par **E. Atzeni**, Professeur d'Archéologie à la Faculté de Lettres et Philosophie de l'Université de Cagliari *(v. 202).*

Pour se rendre aux cinq statues-menhirs redressées dans la vallée, on descend de l'éperon et on franchit le ruisseau de Barcajolo. Ces statues furent les premières connues à Filitosa *(v. chapitre « Découvertes »).* Elles étaient disséminées sur une surface de dix hectares. Pour être accessibles aux visiteurs et être examinées plus commodément, elles ont été rassemblées à cet emplacement, face à l'éperon, chacune d'elle en direction de son lieu de découverte. De gauche à droite :

Filitosa III :

(fig. 44 et 45) : hauteur 2,30 m. Elle était couchée sur le dos, la face émergeant de terre. Malgré cette position, qui favorisait l'érosion, elle a conservé les détails de la face et de son poignard en biais.

Filitosa IV :

(fig. 47): Hauteur 2,96 m. Poignard transversal. Elle était couchée à quelques mètres de Filitosa III, et le dos sculpté sortait seul de terre. Elle était transversalement fendue sous les épaules *(fig. 46)* et, au cours de l'aménagement du site, elle fut restaurée par R. Grosjean.

Filitosa I :

(fig. 48) : Armée ; le dos travaillé. Hauteur 2,10 m.

Fig. 48. Filitosa. Statue-menhir Filitosa I.

*Fig. 49.
Filitosa. Statue-menhir
Tappa I.*

Tappa I :

(fig. 49) : Découverte en 1956 à environ 400 mètres de son emplacement actuel, au lieu-dit **Tappa**.

Caractérisée par une gorge large et profonde entre la tête et le corps. De dos, la seule sculpture évidente est la représentation de la nuque ou du casque. Sa hauteur est de 2,45 mètres.

Au même endroit, à quelques mètres de Tappa I, furent également découverts le fragment supérieur et un fragment intermédiaire de la statue-menhir **Tappa II**.

Restaurée, cette statue se trouve actuellement dans le Centre de Documentation du site *(v. N° 13 dans la description du Centre).*

Filitosa II :

Hauteur, 1,97 m. Pas d'arme apparente. Elle était située à quelques mètres de Filitosa I ; bien que très érodée, le visage et les détails du dos, dont la colonne vertébrale sinueuse, restent visibles.

Fig. 50. Filitosa. Statue-menhir de Scalsa-Murta vue de dos, avant restauration et présentation dans le Centre de Documentation Archéologique du site.

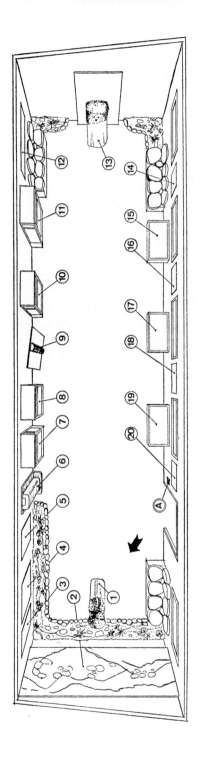

Fig. 51. Filitosa. Plan descriptif du Centre de Documentation Archéologique du site (Relevé J. Deguilhen).

Le Centre de Documentation Archéologique

Au retour, à la fin de la visite du site et avant que de rejoindre le hameau, la partie publique du Centre de Documentation Archéologique du site apporte un complément d'information au visiteur.

Au hasard de leur installation, on passe au milieu d'une collection de meules et de mortiers en provenance de toutes les époques du gisement.

La légende descriptive de la fig. 51, complétée par les indications et les précisions qu'on trouvera à l'intérieur, permettront de pénétrer plus profondément tant dans la vie quotidienne que dans les coutumes et les croyances de tous ces hommes — quelquefois fort différents — qui se sont succédé à Filitosa pendant plusieurs millénaires de sa Préhistoire.

Description du Centre.
(Réf. fig. 51)

A. Entrée du Centre ; à droite le bouton-poussoir de la minuterie commandant l'éclairage général de la salle.

1. Statue-menhir de **Scalsa-Murta,** restaurée. C'est une des statues parmi les plus spécifiques qui aient définitivement permis l'identification des statues-menhirs armées corses aux guerriers Torréens-Shardanes, par ses deux cupules pariétales réceptacles des cornes de bovidé ornant le casque, et par la représentation de ses nombreux détails caractéristiques des Shardanes *(fig. 50 et 52).*

Fig. 52. Filitosa. Statue-menhir de Scalsa-Murta restaurée, présentée dans le Centre de Documentation du site.

Fig. 53. Filitosa. Statue-menhir Filitosa XII, présentée dans le Centre de documentation du site.

2. Vue aérienne du site archéologique de Filitosa.
3. Texte d'introduction sur quelques concepts de base approchant les Torréens-Shardanes.
4. L'un des guerriers Shardanes comparatifs reproduits par les Égyptiens.
5. Historique et chronologie rétrospective de Filitosa.
6. Colonne stratigraphique matérialisant les couches des occupations du site.
7. Vitrine de l'échantillonnage des vestiges recueillis dans la couche 1 ; de haut en bas : médiéval, corso-romain, âge du Fer.
8. Vitrine des couches 2 et 3 : traditions torréennes et apports italiques : Torréen final.
9. Statue-menhir **Filitosa XII**, restaurée *(fig. 53)*. Elle fut trouvée fragmentée, débitée longitudinalement et utilisée comme linteaux des deux portes de la maisonnette de berger élevée sur le gisement *(XXI du plan, fig. 19)*. Elle est remarquable par la représentation rare des bras et des mains.
10. Vitrine des couches 4 et 5 : civilisation torréenne depuis son implantation à Filitosa.
11. Vitrine présentant un condensé de la technologie, de l'industrie et du mobilier caractéristiques de la civilisation torréenne, à Filitosa.
12. Composition documentaire des étapes du dégagement de la statue-menhir Filitosa XIII.
13. Statue-menhir **Tappa II**, restaurée, *(fig. 54)*. *(v. aussi Tappa I, page 62)*.

La tête de cette statue, de style archaïque, est un simple témoignage, parmi tant d'autres œuvres d'art monumental corse, de la difficulté rencontrée par l'artiste mégalithique : il dut œuvrer longuement, patiemment et religieusement dans une pierre synonyme de dureté, le granit, se servant d'un galet comme percuteur et utilisant des outils en quartz faisant fonction de burin et de boucharde pour le dégrossissage, puis employant du sable comme abrasif pour la finition et le polissage. Ainsi, ces créateurs réussirent-ils à exécuter des détails en bas-relief et leurs œuvres en ronde-bosse, surmontant avec foi les difficultés techniques de la statuaire immortelle.

Fig. 54. Filitosa. Tête de la statue-menhir Tappa II, présentée dans le Centre de documentation du site.

14. Vue d'une partie du secteur des habitats torréens et des occupations néolithiques antérieures.
15. Vitrine présentant un condensé de la technologie, de l'industrie et du mobilier caractéristique du Néolithique corse, à Filitosa.
16. Photographie de la coupe du remplissage du site : 8 couches d'occupations s'étageant sur 2,30 m et couvrant six millénaires.
17. Vitrine des couches 6 et 7 : Néolithique final dans lequel s'intègre la culture artistique mégalithique des statues-menhirs et Néolithique récent.
18. Vue des foyers typiques torréens superposés appartenant à plusieurs phases d'occupations.
19. Vitrine de la couche 8 : Néolithique ancien : début de l'installation humaine à Filitosa.
20. Photo de la statue-menhir **Filitosa VIII** éclairée de nuit.

Fig. 55. Le monument cultuel torréen de Balestra, vu de l'Est.

BALESTRA

Monument cultuel torréen, isolé

Situation régionale ; accès *(v. carte, fig. 8, p. 26).*

La Pointe de la Balestra, commune de Moca-Croce, a toujours été le nom donné au sommet de cette colline, à 14 km en amont de Filitosa, tandis que la propriété même s'appelle **Calcina** et que le nom cadastral du lieu-dit est **Focenovale**.

Pour atteindre la *Torre* de Balestra, on emprunte la route départementale D. 757, qui croise la N. 196 à Petreto-Bicchisano, en direction de Moca-Croce. Après avoir traversé le hameau de **Calo** et franchi un col, on trouve 200 mètres plus loin, à droite et près d'une maisonnette, le sentier qui conduit à la pointe, après 400 mètres de montée.

Son altitude est de 502 mètres au-dessus du niveau de la mer.

Description du site.
(v. plan et coupe, fig. 58, p. 71).

Avant les fouilles archéologiques de l'automne 1957, l'amas de pierres situé au sommet de la Pointe était considéré dans le pays soit comme recouvrant les ruines d'une église, soit comme étant le départ d'un long souterrain.

Ce tertre de 22 mètres de diamètre et 3 mètres de haut, sur lequel poussaient arbres et maquis *(fig. 56)* avait une partie supérieure assez plane avec deux excavations faites par des chercheurs de trésor. L'une d'eux se perdait dans un chaos de pierres et l'autre s'enfonçait dans une sorte de puits dont l'intérieur était appareillé en maçonnerie de pierres sèches. A l'Est, le tertre était sérieusement entamé par une carrière de pierres **(4)** dont les matériaux sortis sévirent à élever des murets de séparation entre propriétés.

Au SE, un monolithe pointu de grandes dimensions **(11)** était couché à quelques mètres de l'éboulis. Ses dimensions sont : 2,52 m de longueur, 0,90 à 1,10 m de largeur. Cette pièce pourrait soit être un menhir couché, soit avoir été la fermeture du couloir d'entrée **(5)** du monument avant qu'elle soit écartée lors d'une violation ou d'une tentative.

Le dégagement du remplissage central fut entrepris par gradins successifs et trois niveaux ar-

Fig. 56. Balestra. Le tertre, après le déboisage et avant les fouilles de 1957.

que en rapport. La couche finale C3, immédiatement au-dessus du sol primitif, avait une hauteur moyenne de 30 cm ; elle était constituée d'argile cuite en plaques et en lentilles dont la partie supérieure plane constitua un sol sur lequel furent allumés des feux. Du charbon de bois, des cendres, des fragments d'os et de matières organiques calcinées encore attachés à des débris de poterie, ont été trouvés à ce niveau. Un témoin du sol de cette troisième couche **(10)** a été laissé dans la chambre principale par R. Grosjean, qui conduit les fouilles.

chéologiques **(C1, C2** et **C3)** se présentèrent. Le premier niveau, d'une épaisseur d'un mètre, était constitué d'humus et de terre noire, avec de la céramique romaine. Le second, d'une épaisseur de 1,30 m, se composait d'argile jaune avec une cérami-

Le dégagement vertical du mur extérieur **(2)** se poursuivit jusqu'entre 90 cm et 1,30 m, lorsqu'apparut un changement dans la structure et la forme des pierres : en effet, le parement supérieur, soigné, devint subitement désordonné, avec des coins de pierres qui saillaient. Des son-

Fig. 57. Balestra. Vue aérienne du site, après les fouilles.

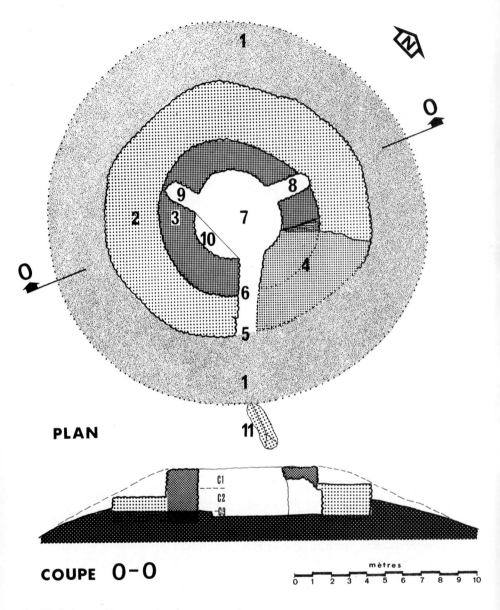

Fig. 58. Balestra. Plan et coupe du monument.
1. Tertre avant les fouilles ; 2. Banquette. Mur extérieur ; 3. Mur intérieur ; 4. Partie détruite ; 5. Entrée ; 6. Couloir Est ; 7. Cella ; 8. Chambre Nord ; 9. Chambre Sud-Ouest ; 10. Témoin du sol de la troisième couche ; 11. Monolithe.

Fig. 59. Balestra. Parement extérieur du monument et portion du tertre laissée en témoin.

dages et l'examen de l'ensemble architectural convainquirent l'archéologue que la partie supérieure était primitivement cachée et recouverte d'un ramblai de terre et de pierres formant glacis.

Entre 2 et 3 mètres du mur extérieur, un muret de soutènement de 50 à 80 cm de hauteur qui, se poursuivant autour du monument, servait de contrefort au blocage. Une portion du tertre qui recouvrait le parement extérieur du monument a également été laissé en témoin.*(fig. 59)*.

Balestra est un monument à nette dominance circulaire : le plan et coupe de la figure remplace toute longue description. Les murs sont tous verticaux et sans la présence, à l'intérieur, du moindre départ de voûte ; d'autre part, il est évident que le monument n'a pas été recouvert d'un tumulus. Ce sont les matériaux des parties supérieures, effondrés au centre et à l'extérieur, qui recouvrirent progressivement les constructions restantes. D'après le volume, sensiblement égal, des éboulis et des parties encore cohérentes, la hauteur primitive du monument était de l'ordre du double de la hauteur actuelle, soit 5 à 6 mètres. L'absence de grandes et longues pierres plates dans le remplissage interdit a priori l'idée d'une couverture de dalles formant clé de voûte au sommet d'une coupole tronquée.

Les deux chambres latérales **(8)** et **(9)** sont semblables en dimension et en architecture, avec le même fond en abside surmonté de dalles en escalier inversé rejoignant la couverture de longues dalles à base plaine, qui n'existe plus que dans la chambre Nord **(8)**, intacte.

Mobilier *(fig. 61)*

Aucune trace de métal n'a été décelée au cours des fouilles. Cependant, d'après le propriétaire du terrain et quelques témoins, lors du prélèvement des pierres

Fig. 60. Balestra. Intérieur de la cella, avec la niche Nord.

du tertre pour l'élévation des murs voisins, il aurait lui-même trouvé, à proximité de l'entrée ou dans le couloir entamé par la carrière, un lézard en bronze patiné de 20-25 cm de long, qui aurait été perdu depuis.

La céramique, dans l'ensemble, était peu abondante. Comme objets lithiques, uniquement situés dans la troisième couche de la chambre centrale, on a trouvé : deux éclats de silex jaspé, deux éclats d'obsidienne non travaillés une dizaine de broyeurs ronds et cylindriques avec marques d'utilisation.

Destination du monument

L'habitat en se rapportant au monument de Balestra n'est pas encore découvert.

Le monument est de la même famille et de la même époque que celui voisin, de Foce : ils sont les premiers de ce genre que l'on ait découverts en Corse. D'autres restes de construction semblables et très abimés, ont été recensés, mais la mort prématuré de R. Grosjean a laissé incomplète, à ce jour, l'étude de ce genre de monuments : des lacunes subsistent encore dans l'architecture et surtout dans la nature de ces monuments.

Il s'agit de monuments élevés en maçonnerie de pierres sèches mais comprenant des blocs mégalithiques, utilisés à la base et pour la couverture des annexes des chambres centrales. Ces chambres, selon R. Grosjean, étaient surmontées d'une coupole en encorbellement. Ces monuments furent dessinés sur des plates-formes préparées, avant l'élévation des murs autour des chambres et des couloirs. Les constructeurs ne commirent que quelques erreurs d'asymétrie — dont un principal à Foce. Cette bévue aurait pu facilement être évitée, si le constructeur n'avait voulu conserver une forme spéciale au plan général : il s'agit du diverticule SO **(5)** *(v. plan, fig. 65)* dont l'extrémité passe sur le fond de la chambre Ouest, bien qu'ils l'eussent abaissé au maximum. Ceci explique pourquoi les dessins des chambres, couloirs et diverticules des deux monuments sont particuliers et surprenants dans leur genre.

La couche inférieure brûlée dans la chambre principale du monument de Balestra, avec la présence de charbons de bois et d'esquilles calcinées non déterminables, propose deux possibilitées quant à l'origine et la datation de ce monument. Il s'agirait, comme ailleurs en Méditerranée et dans certains gisements du Moyen-Orient, d'un monument édifié soit comme sépulture à incinération, soit comme haut lieu religieux où se pratiquaient des crémations d'offrandes et des feux rituels. Dans l'un ou l'autre cas, la destination funéraire de ce monument est la plus probable.

Fig. 61. Balestra. Quelques exemplaires du mobilier.

Fig. 62. Le monument cultuel torréen de Foce.

FOCE

Monument cultuel torréen isolé

**Situation régionale :
accès.** *(v. carte, fig. 8, p. 26)*

L'accès au site de Foce se fait par la D 757, 6,5 km après Balestra, entre **Argiusta-Moriccio** et **Olivèse**, à une distance de 500 mètres, à gauche, d'un col de la route.

Le lieu-dit désignant le col est **Bocca della Foce ;** les deux pointes culminantes de l'éperon s'appellent **Foce** et le tertre sur la pointe Ouest était appelé dans le pays **Castellaccia :** mauvais château.

Avant les fouilles archéologiques de l'automne 1957, l'amas de pierre était considéré soit comme étant les ruines d'une construction sarrasine, soit, parallèlement à Balestra, comme étant le départ d'un souterrain passant sous la vallée. En outre, jusqu'à ces derniers temps, la tradition voulait que les fidèles s'y réunissent en pèlerinage le lundi de Pâques. Une haute croix avait été élevée en 1914 sur le sommet du tertre, mais elle a été renversée par une tempête, il y a plusieurs années.

L'altitude du site est de 424 mètres au-dessus du niveau de la mer.

Fig. 63. Foce. Le tertre, en 1957, après déboisage et avant les fouilles.

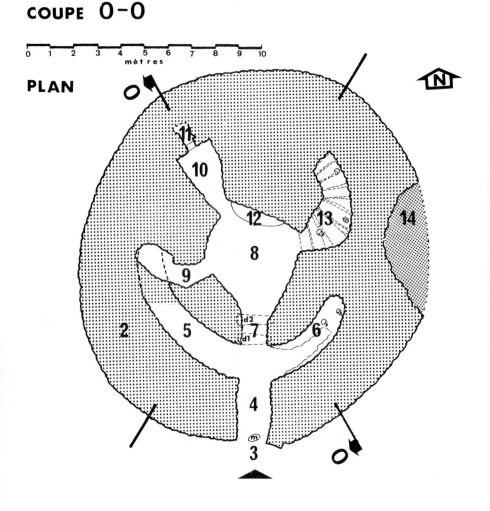

Fig. 65. Foce. Plan et coupe du monument.
1. Le tertre avant les fouilles ; 2. Mur ; 3. Entrée ; lieu de découverte de la meule 'm' ; 4. Couloir 2 ; 5. Diverticule Sud-Ouest ; 6. Chambre Sud-Est ; 7. Couloir 1 et dalles 'd1' et 'd2' ; 8. Cella, chambre centrale ; 9. Chambre Ouest ; 10. Chambre Nord ; 11. Niche sous linteau ; 12. Témoin du sol de la quatrième couche ; 13. Chambre Est ; 14. Partie détruite du mur ; 15. Monolithe.

Description du site.
(v. plan et coupe, fig. 65, p. 78)

Avec ses 16 mètres de diamètre, Foce est le monument cultuel torréen le plus imposant, ainsi que le plus complexe de Corse. Si, entre les deux sites de Balestra et Foce, le visiteur est dans la nécessité de faire un choix, l'intérêt surtout et l'accessibilité feront préférer la visite du second, prototype parfait de ce genre d'édifice.

Le monument est extérieurement circulaire et le parement *(fig. 64)* est apparent dans la plus grande partie de sa circonférence, sur 1 mètre de haut en moyenne. Au-dessus, un glacis était également prévu, mais jusqu'à présent, le muret servant de contrefort à ce blocage n'a pas été trouvé.

Avant le commencement des fouilles *(fig. 63)*, l'amoncellement de pierres, couvert d'arbres, formait un monticule de 25 mètres de diamètre et d'environ 3 mètres de haut au-dessus du sol primitif. Comme ce fut le cas pour Balestra, ce tertre régulier n'était dû qu'à l'effondrement des parties supérieures du monument qui, par l'importance du remplissage et de l'éboulis, et sans tenir compte des prélèvements anciens opérés au sommet du tertre, devait dépasser le double de sa hauteur actuelle et s'élever à 7 ou 8 mètres de hauteur. Comme à Balestra, le tertre était sérieusement entamé sur le côté Est **(14)** par une carrière de matériaux qui servirent à la construction de nombreux murets entourant les vignes voisines.

Fig. 64. Foce. Le parement extérieur du monument.

Fig. 66. Foce. La chambre centrale, avec témoin de la couche C4.

Les fouilles se poursuivirent dans le monument par prélèvements horizontaux dans la cella **(8)**. Dans un premier temps, les chambres latérales furent fermées afin de pouvoir les étudier l'une après l'autre, à la suite des travaux de la chambre centrale. La description du monument suit la chronologie des fouilles.

Chambre centrale *(fig. 66)*

La première couche de remplissage **C1** *(v. coupe 0-0, fig. 65)*, d'une profondeur moyenne de 95 cm, était de terre noire à base d'humus, dans laquelle se trouvaient quelques tessons de poterie romaine tournée, et des pierres qui étaient sensiblement de la dimension de celles formant les murs de la chambre.

La seconde couche, **C2**, d'une épaisseur de 85 cm, était de terre jaune argileuse où les pierres et blocs étaient les plus volumineux de tout le remplissage. Au fond de cette couche furent trouvés les fragments écrasés de deux petits vases en forme de gobelet.

La troisième couche, **C3**, d'une épaisseur de 70-80 cm, était de la même terre jaune, mais caractérisée par la présence de fragments de vases de grand diamètre.

La couche finale **C4**, à 2,70 m environ du haut du mur actuel, est constituée de plaques de revêtement d'argile cuite. En contact et à l'intérieur de ces plaques, voisinaient quelques petites pierres, de la céramique, des cendres, des débris osseux calcinés, des charbons de bois, des fruits et baies carbonisés, ainsi que quelques parures.

Comme pour Balestra, on n'a trouvé aucun témoin de ce qu'a pu être le mode de couverture de la cella, mais R. Gros-

Sur le haut du tertre furent trouvées des dalles plates, démunies des matériaux qui le surmontaient : il s'agissait des dalles de couverture de la chambre latérale Nord **(10)**. 3 mètres plus loin, le linteau de la porte de la chambre latérale Ouest **(9)** émergeait du chaos rocheux.

Au Nord du tertre, et tangeants à la périphérie, furent trouvés les vestiges d'une construction basse et circulaire. Les sondages effectués dans cette construction n'apportèrent rien de probant quant à la contemporanéité de ce cercle de pierres et du monument.

Fig. 67. Foce. L'entrée de la Chambre Est (13), vue de la cella.

jean penche pour un système de couverture en encorbellement, surmontée de gros blocs.

Chambre Est (13)

Pendant les fouilles de cette chambre, trois emplacements de squelettes furent rencontrés dans les lieux indiqués sur le plan. Le premier emplacement, dans la couche noire, près de l'entrée de la chambre, est attribué à un réemploi du monument à l'époque romaine, les débris osseux étant en contact avec de la poterie rouge typique de cette époque. Les deux autres squelettes, trouvés dans la troisième couche, avaient subi l'action du feu et été volontairement recouverts de grosses pierres qui n'auraient pu provenir, d'elles-mêmes, de l'éboulement de la cella en raison de l'étroitesse de l'entrée (v. fig. 67).

Les autres objets trouvés dans la chambre Est sont : en éclat et une lame d'obsidienne, un fragment de pierre polie, une plaquette et une perle en bronze, des broyeurs et des percuteurs, ainsi que des ossements d'animaux.

La couverture de la chambre Est, bien qu'horizontale dans l'ensemble, est inclinée vers l'intérieur du tournant.

Chambre Nord (10)

Dans la seconde couche de la chambre Nord furent trouvés de nombreux tessons de céramique, ainsi qu'une hematite polie, une pendeloque fragmentée en schiste lustré bleuté. Au fond de la chambre, à l'intérieur d'une niche sous linteau, furent découverts quelques petits débris osseux et du charbon de bois **(11)**.

La couverture de la chambre Nord est horizontale.

Fig. 68. Foce. L'entrée de la Chambre Nord (10) vue de la cella.

Fig. 69. Foce. L'entrée de la Chambre Ouest (9) avec dalles de couverture en escalier inversée.

Chambre Ouest (9)

Des ossements d'animaux furent trouvés dans les deux premières couches archéologiques. Dans la deuxième couche de rares fragments de poterie et, dans la couche finale, dont le sol semblait moins brûlé, avec peu d'argile cuite, fut trouvé un beau petit polissoir en cuvette, en forme de nacelle.

Les dalles de la chambre Ouest comme celles du fond de la chambre Sud-Est, sont posées les unes sur les autres, en escalier inversé.

Couloir 1 (7)

Deux dalles de couverture, **D1** et **D2** sur le plan, subsistaient à leur place, principalement soutenues par les pierres de remplissage du couloir : elles ont été provisoirement retirées, en raison du danger qu'elles présentaient.

Dans la première couche fut trouvée de la céramique romaine rouge, et dans les autres couches des fragments de grands vases à fond plats.

Chambre Sud-Est (6)

Un premier emplacement de squelettes, également présumés de l'époque romaine et avec de la poterie en rapport, fut trouvé dans la première couche. Dans la seconde, deux gobelets semblables à ceux de la chambre centrale — trouvés aussi dans la même couche — furent découverts ; dans la troisième couche, vers l'entrée, fut trouvée une belle anse à appendice et, au fond de la chambre, un deuxième emplacement de squelettes, également écrasés par des pierres et avec de la céramique en rapport, fut mis à jour. Sous cette sépulture, entre autres

Fig. 70. Foce. Couloir d'entrée. En haut, le diverticule SO (5) ; en bas la Chambre SE (6) ; à gauche le couloir 2 (4).

fragments de poterie, furent trouvés deux tessons à décor cannelé et deux éclats d'obsidienne.

Les murs de la chambre Sud-Est sont nettement inclinés vers le haut ; la construction en arc aigu est démontrée et la fermeture dut être complétée par de grosses pierres trouvées au fond du remplissage de cette chambre.

Diverticule Sud-Ouest (5)

Dans les deux dernières couches de remplissage du diverticule furent trouvés des tessons de formes et profils divers. Dans la dernière couche, une perle cylindrique striée sans trou et une pendeloque en schiste feuilleté.

Le fond du diverticule remonte pour passer au-dessus de l'extrémité de la chambre Ouest.

Couloir 2. (4)

Au centre de ce couloir, sur le sol de la dernière couche et près de la sortie **3**, fut découverte une grosse meule **(m)** dormante qui ne semblait pas faire partie du remplissage, en raison de sa position.

La première couche a mis au jour de la céramique romaine, et les deux couches intermédiaires de la poterie à forme carénée.

Il est vraisemblable que les couloirs 1 et 2, ainsi que le diverticule Sud-Ouest, aient été couverts de longues dalles du même modèle que les deux dalles trouvées en place, mais qui ont pu être retirées et débitées depuis l'élévation du monument.

Mobilier *(v. fig. 71)*

Par rapport aux gisements néolithiques et à ceux du début du mégalithisme connus en Corse, qui sont prodigues en obsidienne travaillée, le monument de Foce est très pauvre en ce matériau. Cette pénurie d'obsi-

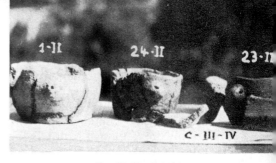

Fig. 71. Foce. Mobilier : quelques vases reconstitués.

dienne peut provenir soit d'un arrêt de son importation, soit de la fin de l'emploi des outillages lithiques, principalement en obsidienne. Les broyeurs, percuteurs, polissoirs et meules sont nombreux comme partout en Corse et représentatifs de tous les âges depuis le Néolithique ancien jusqu'au Moyen Age.

La céramique est mentionnée en détail dans la description du monument. En somme, la céramique romaine se trouvait exclusivement dans la première couche de remplissage. La seconde couche était la couche des gobelets et dans les dernières couches on a rencontrée la céramique la plus importante et la plus variée. Il s'avère, en définitive, qu'une seule couche archéologique importante se confond dans les couches 3 et 4, confirmée par l'uniformité de la céramique, de ses couleurs, de la cuisson et même des pâtes, malgré la diversité de ses formes.

Anthropologie

Dans l'ensemble, l'étude des débris osseux humains pour l'ensemble du monument a donné les informations suivantes :

Couche 1 : inhumation de plusieurs adultes de sexe masculin, un adolescent et plusieurs enfants, d'une période présumée romaine.

Couche 3 : de période protohistorique et vraisemblablement postérieure à l'époque de la construction du monument. Incinération partielle, inhumation sous terre et grosses pierres. Majorité d'adultes de sexe masculin, dont trois âgés de 30 à 50 ans, une femme (?), deux adolescents.

Couche 4 : esquilles calcinées non déterminables, quasi-totalement incinérées.

Destination du monument

Alors que l'habitat ayant trait à Balestra n'est pas encore découvert, à peu plus d'un kilomètre au SO du monument de Foce, dans une vigne sous Moriccio, des taches noires de fonds de cabanes ont été repérées.

La destination funéraire de ce monument ne fait aucun doute en ce qui concerne les couches médianes. Quant à la couche inférieure, comme pour son homologue du monument de Balestra, deux possibilités sont proposées par R. Grosjean, mais la destination funéraire du monument de Foce reste toujours l'hypothèse la plus plausible.

Le petit nombre de sédentaires et la condition pauvre des protohistoriques de la vallée du Taravo ne leur permirent pas, peut-être, de construire des habitations en matériaux durables, tandis que pour leurs morts, des groupements purent s'employer, avec du temps, à l'élévation d'importants monuments funéraires de familles, de tribus ou de clans. Il semble que la tradition qui survivait chez ce peuple était de déposer les restes de leurs morts de préférence dans des hypogées, comme c'était l'usage en Méditerranée à la période Chalcolithique.

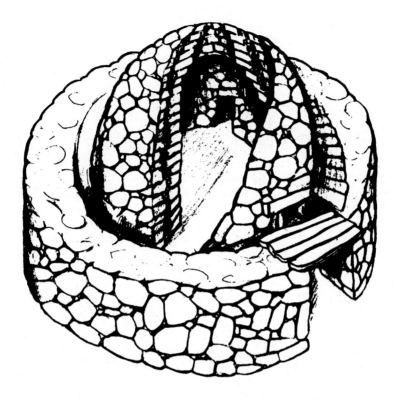

Fig. 72. Reconstitution graphique du monument cultuel de Foce.

CUCURUZZU

Complexe torréen fortifié

**Situation régionale ;
accès** *(v. carte, fig. 8, p. 26)*

La citadelle torréenne de Cucuruzzu se trouve sur le territoire communal de **Levie**, arrondissement de Sartène, situé dans le centre-Sud de la Corse, à mi-distance des côtes orientales et occidentales. Son altitude est de 700 mètres au-dessus du niveau de la mer.

Par la route nationale N 196, à 5,5 km de Sartène en direction de **Propriano**, prendre à droite l'embranchement de la RF 4, remontant la vallée du Rizzanese. 5 km après **Ste-Lucie-de-Tallano** et 3,5 km avant **Levie**, on quitte la RF 4 pour emprunter le chemin carrossable, à gauche, qui conduit sur le **Piano de Levie**. 3 km plus loin, le sentier de Cucuruzzu est indiqué sur la gauche ; la distance jusqu'au site est de 800 mètres ; le sentier est très agréable et facile d'accès.

**Description générale
du site.** *(v. plan, fig. 74, pp. 88-89)*

Isolé sur le haut plateau granitique du Piano de Levie *(fig. 73)*, le grand et beau complexe monumental du Castello de Cucuruzzu est resté en relativement bon état de conservation sous les éboulis de ses superstructures et l'épais maquis qui le recouvraient et le protégeaient.

Depuis son abandon à l'Age du Bronze final le complexe n'a plus été réoccupé de façon permanente jusqu'aux fouilles de 1963. Cela a permis de recueillir in situ un mobilier, surtout en céramique, des plus intéressants par les formes, la diversité et la quantité.

Le déboisage et l'enlèvement des pierres d'éboulis recouvrant les structures en place et préludant à la première campagne de fouilles, permirent de définir trois grandes divisions et destinations bien distinctes des constructions formant l'ensemble du site qui occupe la totalité d'un éperon d'une superficie d'environ deux hectares. Cet ensemble se compose de :

— une forteresse orientée vers l'Ouest dont le haut mur d'enceinte élevé en appareil cyclopéen barre l'éperon à son étranglement ;
— un monument supérieur à destination cultuelle, tourné

*Fig. 73.
Le complexe torréen de Cucuruzzu,
isolé sur le haut plateau de Levie.*

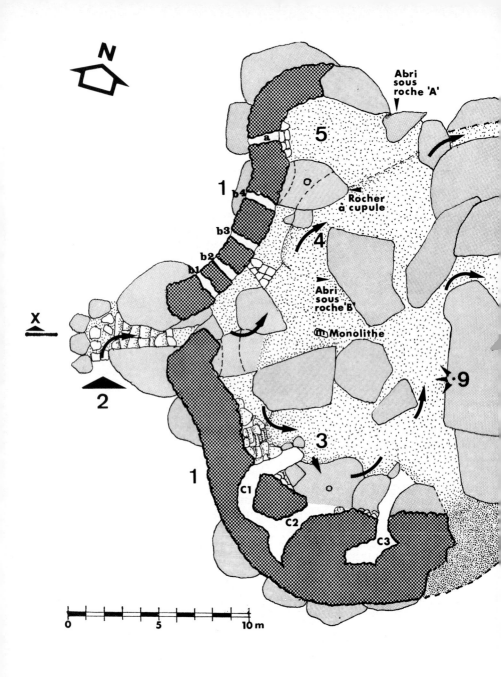

PLAN DU COMPLEXE

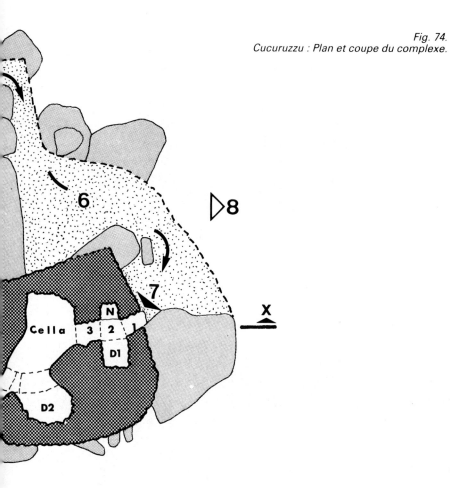

Fig. 74.
Cucuruzzu : Plan et coupe du complexe.

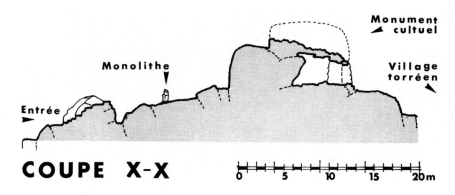

Fig. 76. Cucuruzzu. Extérieur de l'enceinte avant démaquisage.

non vers la forteresse mais vers l'Est et le village torréen, situé quelques mètres en dessous ;
— le village torréen, occupant le reste de l'éperon et, lui-même, fortifié.

La forteresse

Peut-être aussi appelée citadelle, puisqu'elle protège le village et son monument cultuel.

Longue de 40 mètres et large de 20 mètres, la partie frontale *(fig. 75)* en forme d'étrave face à l'Ouest, est composée d'une fortification édifiée avec des gros blocs, certains d'eux dépassant largement la tonne. Sa hauteur moyenne est encore de 5 mètres au-dessus du niveau du sol extérieur de l'enceinte. Son épaisseur est constante dans la partie Ouest ou elle est de 2 mètres ; mais elle atteint 5 mètres au Sud, à l'emplacement des diverticules C1, C2 et C3.

L'unique voie d'accès est au centre : entre les deux parties éclatées d'un volumineux rocher, des marches grossières montent vers l'entrée proprement dite, bien défendue par une chicane à l'endroit où le couloir pénètre dans la foreresse. A l'intérieur, entre les énormes rochers en

place, on remarque trois secteurs principaux :

Secteur A *(fig. 77)*

Situé au NO, consiste en une terrasse semi-circulaire surélevée. Des traces de foyers furent trouvées, pendant les fouilles, sur un dallage situé sous le créneau de surveillance **(a)**.

Secteur B. *(fig. 77)*

Situé au centre-Ouest : principalement occupé par une coursive qui longe l'enceinte et dont le sol primitif est à — 4 mètres du sommet actuel du mur, passe sous le rocher à cupule et tourne sous l'entrée et sous un autre rocher en direction du secteur C.

La présence de pierres débordantes et d'anfractuosités dans le parement interne de l'enceinte, et certains emplacements aménagés dans les rochers opposés, prouvent que la coursive était couverte d'un plancher d'un type présumé semblable à la portion de plancher que les archéologues ont installé de plein pied avec l'entrée. La coursive souterraine avait une hauteur sous barrots de 2 m et les occupants, quels qu'ils fussent, gardes postes ou défenseurs, avaient les quatre fenêtres en forme de meurtrières **b1, b2, b3** et **b4**, pour s'éclairer et surveiller les environs.

C'est dans les deux mètres du remplissage de la coursive que les archéologues ont trouvé, dans les deux couches, la plupart du mobilier. Celui-ci comprenait la céramique, l'industrie lithique, quelques objets en bronze, ainsi que du charbon de bois provenant des foyers qui y furent allumés et, semble-t-il, d'un incendie de la charpente supérieure. Par dessus le plancher, devait passer le chemin de ronde de surface d'où la vue s'étend sur tout le plateau du Piano de Levie.

Également dans le Secteur B, les archéologues ont rencontré un monolithe anthropomorphe **(m)** en granit local, sans sculpture ni gravure, couché sur le substrat rocheux, au niveau inférieur, et qu'ils ont redressé sur son emplacement de découverte.

Secteur C

Ce secteur, situé au SO de la forteresse, est caractérisé principalement par les trois diverticules **C1, C2** et **C3**, couverts de dalles et construits dans la plus grande épaisseur de l'enceinte. Les diverticules **C1** et **C2** communiquent entre eux, et les parements internes sont particulièrement soignés. Devant l'entrée du diverticule C2, un rocher légèrement arrondi porte, au centre, une cupule. Ces diverticules n'étaient vraisemblablement pas utilisés comme habitats en raison de leur exiguïté, mais plutôt comme dépôts de vivres et réserves d'eau.

Les fouilles archéologiques de la forteresse furent particulièrement longues en raison de l'étendue et de la profondeur du remplissage à tamiser. La figure 78 présente quelques pièces caractérisques du mobilier recueilli dans les couches 1 et 2 de la forteresse ; une sélection plus représentative de l'abondant mobilier recueilli lors des fouilles est présenté dans le Dépôt-Musée de Levie.

La céramique est typiquement torréenne, mais avec ses formes nouvelles, ce qui fait de Cucuruzzu, comme c'était déjà le cas pour Tappa et Filitosa, un gisement éponyme des séquences de cette civilisation en Corse.

Les bronzes, dont les quatre représentations dans la partie supérieure de la figure 78, ont été rencontrés exclusivement au-dessus des couches archéologiques les plus anciennes et font partie d'une seconde époque torréenne de réutilisation de la forteresse, contemporaine du Bronze final, ou Torréen final.

Fig. 77.
Cucuruzzu. Intérieur de la citadelle.
Les secteurs A, à droite, et B.

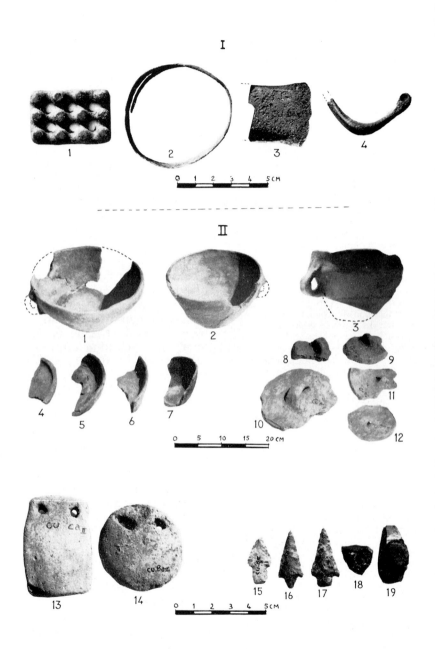

Fig. 78. Cucuruzzu.
Échantillonnage du mobilier recueilli dans les couches I et II de la forteresse.

L'industrie lithique torréenne est bien représenté à Cucuruzzu, comme ailleurs, par des centaines d'éclats de galets sans retouche. Entre autres, plusieurs dizaines de galets entiers ont été classés comme percuteurs, comme molettes complémentaires des meules mobiles fréquemment trouvées, et comme pierres de frondes. De nombreux fragments d'hématite polie ont été recueillis, ainsi que des morceaux de propolis fondue.

Fig. 79. Cucuruzzu. Le monument cultuel.

Fig. 80. Cucuruzzu. Intérieur de la citadelle : le secteur des casemates.

Fig. 81. Cucuruzzu.
Le monument cultuel : architecture du couloir et de ses niches latérales.

Fig. 82. Cucuruzzu.
Le monument cultuel : la seule couverture torréenne encorbellée retrouvée intacte, en Corse, à ce jour.

Le monument cultuel
(fig. 79, 81 et 82)

Chaque fois que les Torréens s'installaient quelque part, durant leur progression du Sud-Est au Sud-Ouest de l'Ile, ils élevaient un monument cultuel, très vraisemblablement à destination funéraire. Il en fut de même à Cucuruzzu. Le monument est appuyé au dos du chaos granitique le séparant de la forteresse et il est élevé en blocs cyclopéens et sub-cyclopéens. L'entrée est face à l'Est et domine de 10 mètres le niveau du village torréen.

Le couloir central d'accès à la cella, ainsi que la niche **N** et le diverticule **D1,** sont surmontés de linteaux. Le premier était tombé sur le sol primitif, devant l'entrée. Au-dessus des secteurs **2** et **3** du couloir, la couverture est en arc aigu.

La cella, d'un diamètre variant entre 3 et 4 mètres, est couverte suivant la technique archaïque de l'encorbellement : la voûte, haute de 3 mètres, est encore solidement maintenue grâce à la pression exercée par une épaisseur supérieure d'un mètre, composé de blocs de pierre. Il faut se dire que, primitivement, lorsque le monument avait une hauteur de 6 à 7 mètres, la voûte était surmontée d'une épaisseur de matériaux avoisinant les 3 mètres.

Le remplissage archéologique du monument était faible et le mobilier pauvre. Bien que les archéologues aient trouvé l'entrée presque entièrement obstruée, le monument fut violé par des chercheurs de trésors, entrés par une porte latérale artificielle.

Le village Torréen *(fig. 83)*

Il occupe la totalité du reste de l'éperon et il est lui même fortifié aux points névralgiques qui ne sont pas défendus naturellement par des à-pics ou des rochers verticaux. Certains de ces endroits, surtout au Sud, ont même une double enceinte cyclopéenne. Le déboisage du village a permis de reconnaître la présence de structures de cabanes rectangulaires, comme celles d'autres villages torréens, exceptées celles de Filitosa qui sont jusqu'à présent curvilignes.

Les fouilles des cabanes du village torréen de Cucuruzzu demanderont de nombreuses campagnes.

Fig. 83. Cucuruzzu. Le village torréen.

ALO-BISUCCE
Complexe torréen fortifié

Situation régionale ; accès *(v. fig. 8, p. 26)*

L'éperon barré par une double enceinte cyclopéenne *(fig. 87),* qui porte localement le nom de **Castellu d'Alo,** domine une vallée fertile se dirigeant vers la mer. Dans cette vallée ont été recensés de nombreux monuments de la civilisation mégalithique, antagoniste de la civilisation torréenne.

Pour se rendre à **Alo-Bisucce,** commune de **Bilia,** prendre de **Sartène** la route nationale N 196 en direction de **Bonifacio.** Au **Col d'Albitrina,** à 2,5 km de **Sartène,** emprunter à droite la route départementale D. 48 en direction de **Tizzano ;** 2 km plus loin, bifurquer à droite vers **Grossa** par la D 21 et la suivre pendant 5 kilomètres. Après le **Col de Bicceli,** le chemin d'accès à l'éperon supérieur du site part de la première bergerie rencontrée à droite.

Description du site
(v. plans et coupe : fig. 85 et 86)

Le complexe d'Alo-Bisucce fut découvert en 1963, par M. **P. Lamotte,** Directeur des Services d'Archives Départementales de la Corse, lors d'une prospection visant à la recherche des ruines du château de **Biancolacci,** que les chroniqueurs corses plaçaient au lieu-dit **Bisogeni.**

R. Grosjean fit le déboisement en 1964 et le démaquisage en 1965. L'ensemble, dégagé, fut relevé sur plan et se présenta ainsi : à l'intérieur de l'éperon, à l'Est, un monument circulaire, élevé en gros appareil, extérieurement semblable à tous les monuments cultuels torréens de l'Ile recensés à ce jour ; au SO, coiffant le museau de l'éperon, un vaste tertre d'éboulis recouvrant une grande construction aux parements apparaissant par endroits. Entre les deux monuments, les fonds des cabanes du village torréen.

En octobre 1965 R. Grosjean entreprit la première campagne de fouilles, qui ne concerna que les deux édifices et le dégagement extérieur de la principale enceinte barrant l'éperon.

Comme dans de nombreux endroits stratégiques de l'Ile, le site avait été occupé avant l'arrivé des Torréens, et il avait été ensuite réaménagé durant le Moyen Age ou par les Génois.

Fig. 84. Le monument torréen d'Alo-Bisucce.

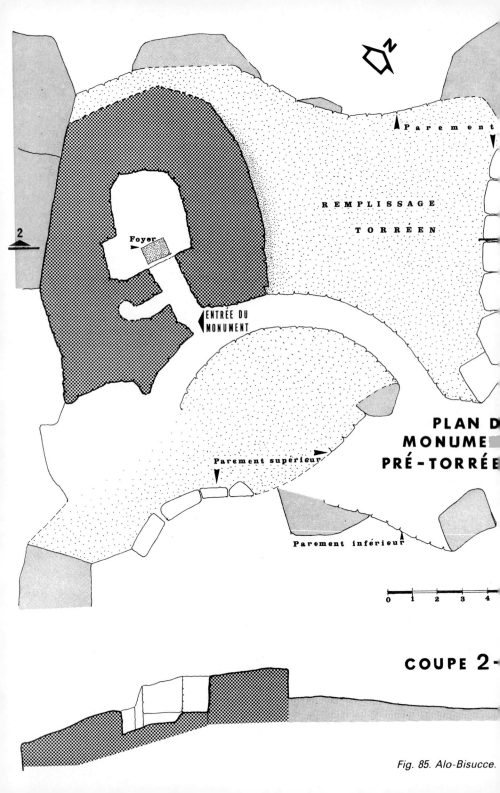

Fig. 85. Alo-Bisucce.

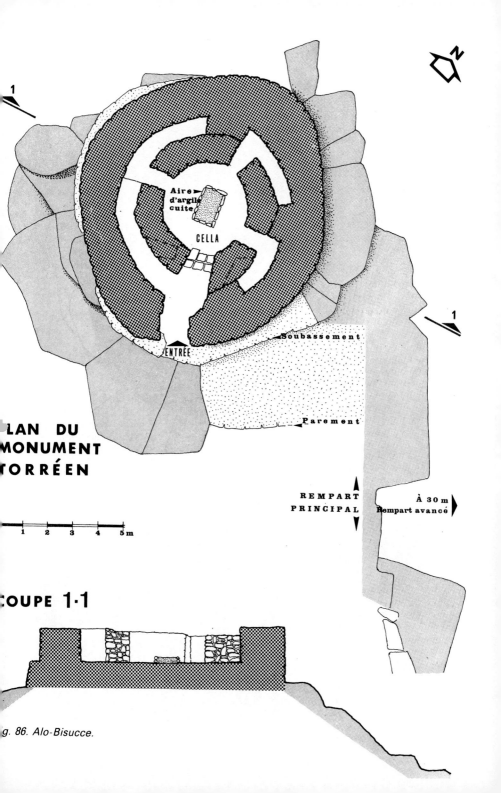

Fig. 86. Alo-Bisucce.

Fig. 87. Alo-Bisucce. Vue aérienne du monument cultuel torréen.

Le nucléus de l'ensemble monumental SO, d'architecture et de morphologie différentes, est pré-torréen et ne semble pas cultuel. Il est extérieurement et intérieurement parfaitement appareillé. Au cours du dégagement de la chambre, au milieu de couloirs et de plates-formes, on a trouvé un foyer domestique et des meules.

Les Torréens, à leur installation, réaménagèrent ce monument : des fragments de menhirs débités ont été trouvés dans le tertre de destruction, comme dans le monument central de Filitosa.

L'intérêt principal de cet éperon fortifié, rassemblant une variété de structures, réside dans son monument cultuel. Celui-ci coiffe le sommet rocheux *(fig. 86)* et il est classique de par son espèce et son aspect.

Le monument cultuel a un diamètre extérieur de 8 mètres. L'entrée Sud fut trouvée à moitié murée — un rang et demi de pierres — sous le linteau cassé (et peut-être remis en place au Moyen Age). Dans le couloir d'accès à la cella *(fig. 88)*, à gauche, une rampe donne accès au déambulatoire circulaire supérieur. Au Centre de la cella circulaire *(fig. 89)*, qui a 3,40 m de diamètre, reposait une grande aire d'argile cuite, de 1,20 m × 0,75 m, délimitée par des pierres sur chant. Cette aire avait très vraisemblablement une fonction rituelle.

Trois diverticules, longs et étroits, annexes de la cella, traversent, puis longent à l'extérieur vers la droite l'épaisseur de l'assise de la voûte de couverture, voûte aujourd'hui détruite. Ces diverticules forment en plan, avec le couloir d'entrée et sa

Fig. 88. Alo-Bisucce. Monument cultuel : couloir d'accès ; à gauche la rampe.

Fig. 90. Alo-Bisucce. Le monument cultuel vu de dos.

rampe d'accès à la terrasse, une figure unique, très voisine d'un svastika.

Mobilier

La poterie recueillie pendant les travaux de fouilles est typiquement torréenne, semblable à celle livrée par les autres sites de même espèce et de même époque : deuxième moitié du 2e millénaire B.C. En outre, dans le monument cultuel, deux éléments orientaux ont été recueillis : une perle en verre bleu, déjà connue par ailleurs, et deux fragments de valves ajustables d'une meule en stéatite de bipenne.

En conclusion, les premiers travaux de fouilles archéologiques du **Castello d'Alo** ont confirmé ce qu'on avait appris depuis 1955 sur cette civilisation, nouvellement venue parmi les civilisations protohistoriques méditerranéennes.

Fig. 89. Alo-Bisucce. Monument cultuel : la chambre centrale avec l'aire d'argile cuite.

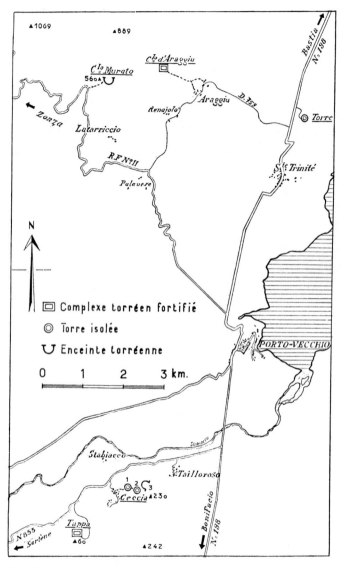

Fig. 91. Région de Porto-Vecchio. Situation des sites torréens recommandés pour la visite.

MONUMENTS TORRÉENS DE LA RÉGION DE PORTO-VECCHIO

1. TORRE

2. TAPPA

3. CECCIA

4. BRUSCHICCIA

5. ARAGHJU

TORRE

Monument torréen isolé

**Situation régionale ;
accès** *(v. carte, fig. 91, p. 106)*

Le petit village de **Torre**, dépendant de la commune de **Porto-Vecchio**, est situé à 8 km au Nord de la ville, sur la route nationale N 198, en direction de **Bastia**.

2 km après le village de **Ste-Trinité**, à droite, une pittoresque route conduit au hameau de **Torre**, 1,5 km plus loin.

Le monument, construit sur un éperon rocheux, domine d'une dizaine de mètres les maisons du hameau et toute la plaine, depuis les contreforts de la montagne de l'Ospedale jusqu'à l'embouchure de l'Oso, dans le golfe de Porto-Vecchio.

A une trentaine de mètres au Nord et au Sud du monument on rencontre des restes de fortifications cyclopéennes. L'habitat de ceux qui utilisèrent le monument — les mêmes, sans doute, qui le construisèrent — est localisé autour de la base des rochers qui le supportent et en particulier sur la plate-forme où furent construites la chapelle et les quelques maisons du hameau.

Découverte

Le monument fut de tout temps connu dans cette région du Sud-Est comme une tour un peu spéciale. Depuis plusieurs siècles, la famille **Ettori**, qui en est propriétaire, habite au pied du monument dans le groupe de maisons qui forment le hameau de Torre. L'un de ses membres, M. **Fernand Ettori,** professeur au Lycée de Bastia, avait déjà remarqué que le monument n'avait pu être élevé ni au Moyen Age, ni à l'époque de l'occupation gréco-romaine de l'Ile ; il en avait ainsi déduit qu'il devait être plus ancien.

M. **J.-P. de Rocca-Serra,** sénateur-maire de Porto-Vecchio, indiqua le monument à R. Grosjean, qui choisit de l'étudier, en 1958, pour la beauté de son architecture et son état de conservation très satisfaisant.

*Fig. 92. Torre.
Entrée du monument.*

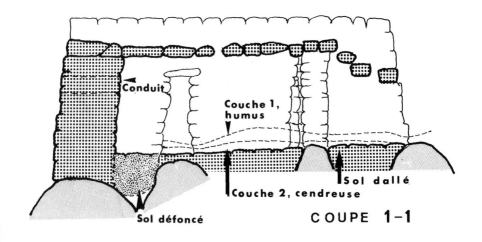

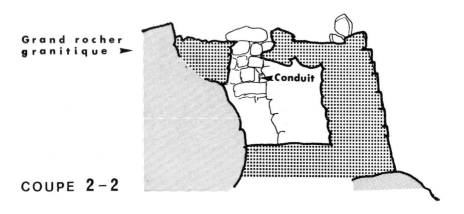

Fig. 93.
Torre.
Plans et coupes.

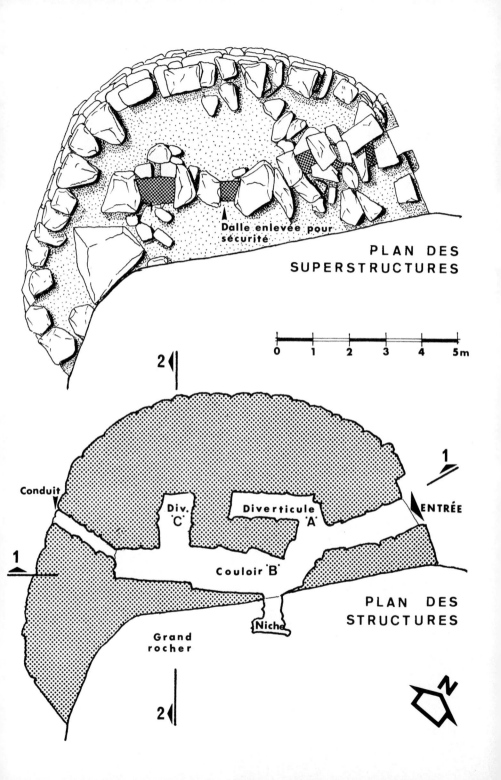

Fig. 94. Torre.
Parement extérieur du monument.

Description du monument
(v. plans et coupes, fig. 93, pp. 110-111)

Le monument est de forme semi-circulaire, appuyé à l'Est sur un rocher granitique de plus de 10 mètres de long. La forme générale, soigneusement appareillée *(fig. 94)*, est donc celle d'un demi-tronc de cône, à plate-forme supérieure, dont la pente du parement extérieur est d'environ 10°. Les appareils architecturaux extérieur et intérieur, bien que de volumes dits cyclopéens, rappelleraient plutôt le type hélénique, à assises horizontales jointées avec des éclats de pierre.

La partie supérieure a conservé sa structure d'origine à peu près intacte — ce qui est peu commun — avec ses dalles de couverture des couloirs intérieurs et ses gros blocs périphériques de pression, disposés à l'aplomb du parement *(fig. 96 et 97)*. Malheureusement la composition architecturale du dessus de l'entrée, et quatre dalles au moins ont disparu, ainsi que les matériaux de recouvrement de la plate-forme, employés pour rendre étanches les compartiments.

Fig. 95. Torre.
Le monument, vu de Nord.

Fig. 96.
Torre. Partie supérieure du monument avec dalles de couverture des couloirs.

Fig. 97.
Torre. Partie supérieure du monument avec les blocs périphériques de pression.

Torre est l'exemple parfait du monument cultuel à couloir, caractérisé par l'absence de cella. L'entrée est faite d'une superposition de blocs de granit bien taillés, dont certains ont un volume d'un demi-mètre cube ; le linteau est en place.

La distribution intérieure, comprenant le couloir central, les deux diverticules et la niche, est représentée sur le plan au niveau A-B de la fig. 93, page 110.

La largeur des parties vides du monument oscille entre 50 cm et 1 mètre ; la hauteur de l'entrée, partant de 1,60 m sous linteau, va en augmentant jusqu'à 2,50 m dans la première partie du couloir, pour rester à peu près constante jusqu'à la fin du passage. La hauteur sous dalles des diverticules A et C est environ de 2 mètres. Les parois latérales de la niche sont construites dans l'appareil d'ensemble, mais le fond est constitué par le grand rocher même qui, en outre, affleure à la partie inférieure latérale de l'extrémité du couloir central. Au fond de ce couloir, à 1,50 m du sol, s'ouvre un conduit de 30 sur 20 cm *(fig. 99 et 100)* qui traverse horizontalement le mur, épais de 1,50 m à cet endroit.

Les fouilles de 1958 ne furent effectuées que dans le remplissage, à l'intérieur du monument ; celui-ci était très faible : une moyenne de 40 à 50 cm d'épaisseur. La fin des fouilles révéla un sol assez bien dallé, couvrant tout l'intérieur du monument. A l'extrémité du couloir central, le sol avait été défoncé sur près d'un mètre carré par d'anciens violateurs. Cela a permis d'observer que le dallage reposait sur un remplissage de pierraille, comblant une longue et profonde faille entre les rochers en place, à l'Est et à l'Ouest. Le processus de construction du monument donc a pu s'établir ainsi :

— élévation sur les rochers des murs extérieurs, d'une épaisseur variant de 1,50 à 2 m ;

— comblement de la faille centrale au moyen de pierraille, jusqu'au sommet de blocs d'éboulis, éventuellement nivelés ;

— recouvrement par dallage, sur le plan d'un système de couloirs et de diverticules. Les murs intérieurs furent ensuite directement montés sur ce sol artificiel. Il leur fut donné une légère incidence par le procédé de l'encorbellement. Enfin, l'ensemble fut complété par des dalles bien jointes.

R. Grosjean a trouvé devant l'entrée du monument un gros bloc de rocher, qui bien qu'à peine épannelé, aurait pu être utilisé comme une clôture rudimentale du monument même, si clôture il y eut.

Fig. 98.
Torre. Intérieur du monument :
à gauche le couloir central B et,
à droite, le diverticule A.

Mobilier

Les deux couches archéologiques, qui, mêlées à des pierres, recouvraient le dallage intérieur, sont représentées dans la coupe de la fig. 93. La première couche, d'une épaisseur moyenne de 30 cm, consistait en humus ; la seconde, épaisse en moyenne de 20 cm, constituée de terre arenacée avec une forte proportion de cendre, contenait la plupart du mobilier. Il est probable que le remplissage ait été remanié une ou plusieurs fois.

Dans la première couche furent trouvées trois pièces de monnaie en bronze : une à l'effigie de Louis XV, la deuxième frappée sous les Angevins de Naples au début du XIVe siècle, la troisième contemporaine de Constance II, au IVe siècle. Dans la couche 1 on trouva aussi de la céramique, principalement des éclats de vases à fonds plats, et des fragments osseux de bœuf, mouton, sanglier, hérisson.

La deuxième couche, outre de la céramique, a révélé des objets en bronze : un fragment de bracelet, des fragments d'un poignard, un tube spiralé, des anneaux d'ornement. Ces objets furent trouvés dans le couloir central, à la sortie du diverticule C. Dans la même couche on a trouvé aussi : une clavicule gauche humaine, ayant subi l'action du feu, d'autre débris osseux, principalement de bœuf, un éclat d'os pointu ayant été utilisé, un éclat d'obsidienne, des galets, etc.

Destination du monument

Balestra et Foce avaient été d'un grand intérêt pour R. Grosjean, de par la présence constante de vestiges funéraires et d'éléments d'incinération. Torre, avec ses dalles de revêtement de sol, brûlées et éclatées, avec la présence d'une couche cendreuse à la base de tout le remplissage, et avec la découverte de matières organiques entièrement calcinées, confirme de façon beaucoup plus plausible la destination funéraire de ces monuments.

Les preuves scientifiques étant encore trop rares, on ne peut à ce jour conclure de façon définitive que nous soyons en présence de monuments destinés, à l'origine, exclusivement à l'incinération. Cependant, si on admet que le peu de largeur et de profondeur des couloirs et diverticules de Torre élimine l'hypothèse d'un habitat ou même d'un refuge, il y a dans ce monument un élément non négligeable à verser à la thèse des crémations, qu'elles soient rituelles, d'offrandes ou funéraires.

Cet élément est la présence du conduit situé au fond du couloir central, qui avait nécessairement une raison d'être et qui n'a pu être conçu pour servir de meurtrière en raison de sa position, de sa forme et de ses dimensions *(fig. 99 et 100)*. Cet orifice situé à l'extrémité d'un long couloir, soigneusement couvert, à l'opposé de l'entrée qui fait face aux vents dominants du Nord et NO, en particulier le mistral, devait provoquer un fort tirage. Le granit autour de l'orifice interne et à l'intérieur du conduit est profondément brûlé et s'écaille : donc l'idée d'un conduit d'évacuation de fumée est parfaitement plausible. De plus, le débouché de ce conduit donne à l'opposé de l'habitat principal, situé du côté de l'entrée et à 30 m en contrebas. On ne ferait pas mieux si on devait construire, à proximité d'un village, un édifice à crémation, devant être en même temps un monument *éternel* et un haut-lieu religieux à l'échelle du culte des morts, très important et très en honneur à cette époque.

Fig. 99. Torre.
Le fond du couloir central, avec le conduit.

Fig. 100. Torre. Détail du conduit.

TAPPA

Complexe Monumental Torréen Fortifié

**Situation régionale :
accès** *(v. carte, fig. 91, p. 106)*

Le complexe torréen de **Tappa** est situé sur la route départementale D 853, qui relie les deux routes côtières N 198 (Porto-Vecchio-Bonifacio) et N 196 (Sartène-Bonifacio), au Sud des montagnes de Cagna.

Pour se rendre à Tappa au départ de Porto-Vecchio, emprunter la N 198 vers Bonifacio. A une centaine de mètres après le pont sur le Stabiacco, virer à droite sur la D 853.

4 km à l'Est de **Ceccia**, en face d'un établissement agricole isolé, bordant la route au Nord, prendre le chemin traversant la vigne, jusqu'au pied de la colline granitique haute de 50 mètres *(fig. 103)*, sur laquelle se place le complexe fortifié. 7-8 mn de marche facile en montant par la côte Est, moins accidentée.

L'altitude du site est de 60 mètres au-dessus du niveau de la mer : c'est un exemple de forteresse de basse altitude, presque de plaine.

Description du site
(v. plan et coupe, fig. 102, pp. 120-121)

Il ressort des résultats acquis lors des premières fouilles, et qui appellent une continuation pour confirmation, que l'implantation des Torréens à Tappa se place parmi les toutes premières en Corse. Cette antériorité donne ses lettres de noblesse à ce site, et nous éclaire sur les premiers établissements torréens dans l'Ile.

Sur un demi-hectare de superficie, la forteresse comporte : soubassements de cabanes, fours de potiers, abris sous roche, passages souterrains, enceintes et bastions et, en un point élevé, ce qui fut un majestueux monument cultuel.

Les premières fouilles, conduites par R. Grosjean, commencèrent en 1960.

L'enceinte : *(fig. 104)*

La partie Est de l'enceinte est en appareil cyclopéen ; sa hauteur moyenne est comprise entre 1,50 m et 2 m, et sa largeur varie entre 2 et 3 mètres. Au NE, elle est élevée en petit appareil et comporte un bastion. L'enceinte est visible dans son ensemble excepté au Sud, où une entre-

*Fig. 101. Tappa.
Le monument cultuel
en cours de fouilles.*

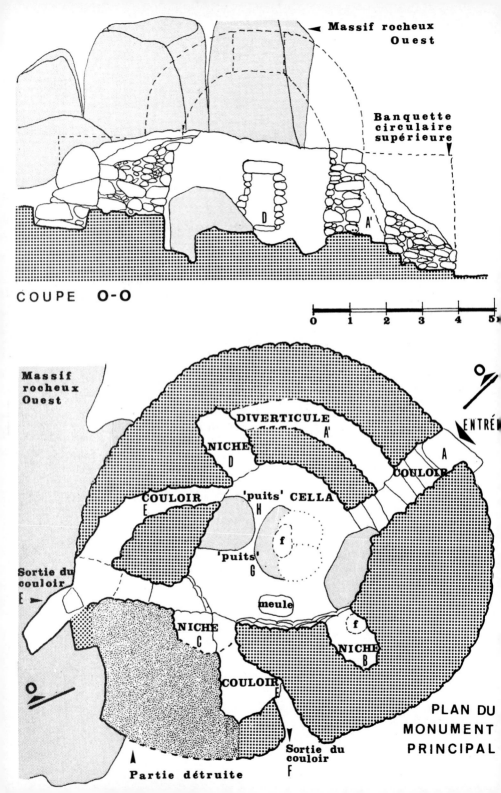

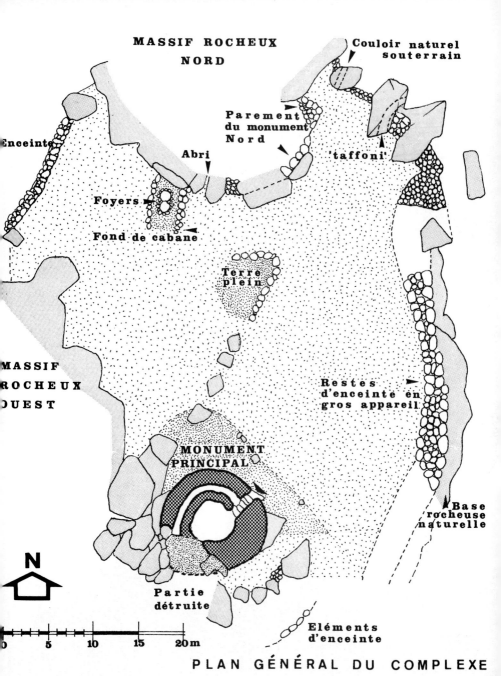

Fig. 102. Tappa. Plans et coupe.

Fig. 103. Tappa. Le site, vu de la route nationale.

Fig. 104. Tappa. Au premier plan, une portion de la grande enceinte Est. Au second plan, le monument cultuel dominant la forteresse et les habitats torréens.

Fig. 105.
Tappa. Le massif rocheux Nord et les cabanes torréennes en cours de fouilles.

prise de travaux publics a fait d'importants prélèvements qui ont eut pour conséquence de faire disparaître, avec une portion de l'enceinte, une partie du tertre de destruction du monument principal et d'entamer partiellement ce dernier.

Cabanes : *(fig.105 et 110)*

Un seul fond de cabane fut fouillé : le dégagement interne du remplissage stérile se fit sur 1,50 m avant qu'on ne rencontre le niveau archéologique de 20 cm d'épaisseur, recouvrant le sol primitif aménagé et qui comportait au centre deux foyers circulaires tangents, circonscrits à des pierres rangées. Dimensions de cette cabane **A** : 5,50 m de longueur moyenne ; 2,70 m de largeur moyenne.

Construction au-dessus du massif rocheux Nord

Cette construction, primitivement importante, est aujourd'hui indiscernable en raison de sa quasi-totale destruction. Il ne reste que la base circulaire du parement qui soit visible. L'examen du massif rocheux n'a rien livré qui pourrait éclairer sur la forme et la destination du monument qui le surmontait.

Fig. 106. Tappa. Le monument cultuel : parement extérieur et entrée.

Monument principal : *(fig. 106 à 109)*

Le monument est situé au SO du centre du gisement, à l'abri et à l'Est du massif rocheux Ouest. Il fut retrouvé entièrement recouvert par les éboulis de sa couverture en voûte et le dégagement interne et externe fut entrepris par couches jusqu'à une profondeur maximum de 4,10 mètres, mesurés du sommet du mur existant. La première couche de remplissage était d'humus ; la seconde, représentant à elle seule les 3/4 du comblement, se composait de pierres et de l'argile provenant de l'effondrement de la couverture en fausse voûte, qui comprenait peut-être, un orifice central ayant fait fonction de cheminée. La troisième couche, au niveau du plancher, était archéologique avec traces de nombreux foyers non aménagés. Sur le même plan étaient posés une grande meule dormante, quelques fragments de meules mobiles ainsi que des broyeurs. La couche sous-jacente, enfin, était en grande partie stérile.

Le diamètre extérieur du monument est de 11,00 mètres et celui de la cella est de 4,50 m. La disposition du monument est la suivante :

— **Entrée A** *(fig. 106 et 107)* : **et couloir** d'1 mètre de large, s'élevant, par des marches, d'un mètre sur les 3,50 m de sa longueur *(fig. 107)*. Cet escalier, le premier de ce type découvert dans les monuments corses, était nécessaire pour franchir des rochers émergeant à la base de la cella. Le couloir était à l'origine couvert de dalles, dont des fragments furent trouvés dans les éboulis.

Fig. 107. Tappa. Entrée du monument cultuel et couloir dallé d'accès à la cella.

Fig. 108. Tappa. Le diverticule hélicoïdal A, d'accès à la terrasse.

— **Diverticule hélicoïdal A** *(fig. 108)* Il permet d'accéder à la terrasse circulaire médiane, comprise entre la coupole de couverture et le sommet du parement extérieur du monument. Le sol dallé de cette rampe était recouvert de plusieurs sols d'utilisation, séparés entre eux par quelques centimètres d'argile, apportée par le ruissellement. Les sols étaient noirs comme brûlés, avec de la céramique écrasée. R. Grosjean pensait que cette rampe n'était pas couverte de son départ du couloir **A** à la banquette.

— **La cella** *(fig. 109)*. Les murs de la cella reposent sur d'énormes rochers arrondis dont l'un occupe le centre de la chambre. La cella comporte trois niches, dont une seule est encore couverte de ses dalles d'origine :

— **Niche B** : la base de cette niche est constituée par un dallage grossier. Des restes de terre cuite et l'emplacement d'un important foyer la surmontaient ;
— **Niche C** : très détruite par la carrière ; il ne reste que l'amorce des murs latéraux et le sol que constitue la couverture du passage inférieur F ;
— **Niche D** : entière et couverte, avec le sol dallé. Elle était presque entièrement remplie de terre et de pierres, provenant de l'effondrement de la couverture de la cella.

Primitivement, un plancher devait s'appuyer, d'une part sur des pierres débordant du mur de la cella, au niveau de la base des niches, et d'autre part, sur la partie supérieure du rocher occupant la partie centrale de la cella.

Deux étroits couloirs sous dalles (on retrouve le même type de galeries à l'intérieur du monument torréen Ouest de Filitosa), s'ouvrent de la cella :

— **Couloir E** : son entrée se trouve à la hauteur du plancher présumé de la cella. Ce couloir est relativement étroit dès son début ; le sol est tantôt dallé, tantôt constitué de la partie supérieure des rochers naturels en place. Dès l'entrée, le couloir est couvert de dalles transversales. A 1,50 m du départ, on arrive dans un second couloir, perpendiculaire, construit en maçonnerie et appuyé au massif rocheux Ouest : il débouche à l'extérieur, au SO du monument. Le couloir E descend dans un réduit constitué par une petite cellule voutée en encorbellement et surmontée d'une pierre plate en clef de voûte.

— **Couloir F** : il s'ouvre sous le niveau du plancher et, après l'entrée bien appareillée, un dédale compliqué, très étroit et peu praticable, débouche à l'extérieur du monument. Alors que le couloir E fut indubitablement construit ou destiné à un usage humain, encore indéterminé à ce jour, le couloir F, selon R. Grosjean, est une prise d'air pour activer les feux violents qui furent allumés dans la cella. cette hypothèse est la plus plausible, en raison de l'étroitesse et de l'impraticabilité de ce couloir.

— **« Puits » G et H** : le « puits » H est le point le plus bas qui ait été atteint dans la cella (− 4,10 m) au cours des fouilles de son remplissage, stérile. Par contre le « puits » G, bien que presque aussi profond que H, avait une position propre et il donna des vestiges archéologiques.

Fig. 109.
Tappa. L'intérieur de la cella après les fouilles. Les 'puits' G et H sont visibles.

Mobilier

A l'intérieur du complexe, près de l'enceinte, avec quelques tessons de céramique torréenne utilitaire, a été trouvée la seule pièce de métal recueillie dans tout le gisement : un fragment de la lame d'un poignard en bronze.

Dans la cabane, outre un lissoir, le mobilier est composé de débris de céramique, bien caractéristiques de la civilisation torréenne par les rebords plats. Un seul tesson est décoré avec de grosses cannelures. Cette céramique, par ses formes et son épaisseur, est visiblement utilitaire.

Dans le monument principal la céramique n'était pas abondante, ainsi que peu variée dans ses formes, et elle était groupée en locus. On a trouvé des fragments d'urnes évasées, des bords plats torréens, des vases à col avec des fonds plats, quelquefois rehaussés, ainsi que quelques morceaux d'ocre rouge, polis par l'usage. Le mobilier recueilli dans les fouilles archéologiques du complexe torréen de Tappa se trouve au Musée de Préhistoire Corse de Sartène.

Chronologie et datation

L'étude des couches de remplissage stratigraphiquement les mieux conservées, a démontré l'occupation du site de Tappa dès le Néolithique du IVe millénaire B.C. Mais c'est l'occupation torréenne qui a laissé, de beaucoup, les plus grandes quantités de vestiges.

L'architecture du monument principal, la portion en appareil cyclopéen de l'enceinte et pardessus tout le mobilier, donnent une antériorité à ce gisement par rapport aux autres monuments torréens corses fouillés et étudiés à ce jour. Il appartient donc à la première phase, ayant été érigée dès l'arrivée de cette civilisation en Corse : c'est-à-dire au Torréen ancien, entre la fin du Bronze ancien et le début du Bronze moyen.

Deux prélèvements de charbon de bois provenant des foyers du grand monument, furent analysés. Le premier, prélevé dans le foyer situé sur le dallage de la niche **B,** donc caractérisant une des dernières utilisations du monument, a été daté par le C 14 à 1907 B.C. ± 100 ans ; le second, provenant du niveau le plus bas de la cella, donc appartenant aux premiers temps du monument, a été daté à 2218 B.C., ± 110 ans. D'après ces analyses, la durée d'occupation du gisement fut d'environ 300 ans.

Destination.

Alors que la cabane de Tappa est un des types d'habitat des hommes de cette civilisation, le monument principal, comme les autres *torre* isolés ou fortifiés qui ne sont pas funéraires, est très vraisemblablement un monument cultuel : à preuve l'ampleur de sa construction, le caractère peu fonctionnel de sa construction interne, l'échantillonnage de la céramique plus fine que celle des habitats, enfin et surtout la quantité de foyers dont les restes occupaient la quasi-totalité de la surface de la cella et des niches latérales.

La forme schématique primitivement de la plupart des *torre* de Corse est celle reproduite graphiquement sur la coupe, fig 102.

Avec Tappa se vérifie que l'origine des *torre* doit être recherchée dans la première époque méditerranéenne des monuments à encorbellement.

Fig. 110. Tappa. Fond de cabane, avec deux foyers circulaires au centre.

Fig. 111. Ceccia. Le monument cultuel torréen.

CECCIA

Monument cultuel torréen isolé

Situation régionale ; accès. *(v. carte, fig. 91, p. 106)*

Le monument de Ceccia est distant seulement d'un kilomètre à vol d'oiseau de celui de Tappa, et de 600 mètres du réduit fortifié torréen de Bruschiccia.

On se rend au village de **Ceccia,** commune de Porto-Vecchio, par la route départementale D 853, par l'itinéraire décrit pour le monument de Tappa.

De Ceccia, un sentier serpentant conduit au monument cultuel torréen érigé une centaine de mètres plus haut, sur un piton.

Description du monument
(v. plans et coupes, fig. 112, pp. 132-133)

Le monument de Ceccia est isolé au sommet d'une éminence escarpée, et non fortifié : sa position seule le protège quelque peu.

Ses structures sont inhabituelles. La terrasse, au sommet du monument, est couronnée de banquettes de protection, faites en gros blocs, et percées de postes de surveillance. Des feux y ont été allumés.

On ne pouvait parvenir sur cette plate-forme qu'à l'aide d'une échelle. C'est partant de ce plan horizontal supérieur que s'enfonce le couloir couvert d'accès à la cella, dans laquelle on pénètre par des marches qui descendent jusqu'au fond. Cette cella *(fig. 113)* de forme circulaire, est située en position excentrée de deux mètres à l'Ouest par rapport au centre du monument ; elle a un diamètre moyen de 2 mètres, et, par conséquent, c'est la cella la plus réduite des monuments torréens corses étudiés à ce jour. Son annexe consiste en une seule niche ou diverticule latéral, qui fut dégagé, pendant les fouilles archéologiques, d'un mur de clôture construit par les Génois. Il subsiste encore un reste de la voûte de la cella.

Les habitats du clan ou de la tribu ayant rapport au monument de Ceccia ont été retrouvés plus bas, à proximité du hameau actuel.

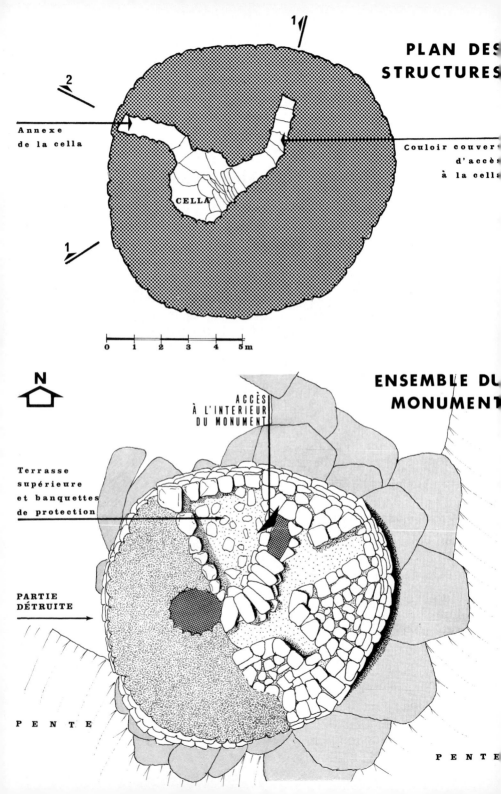

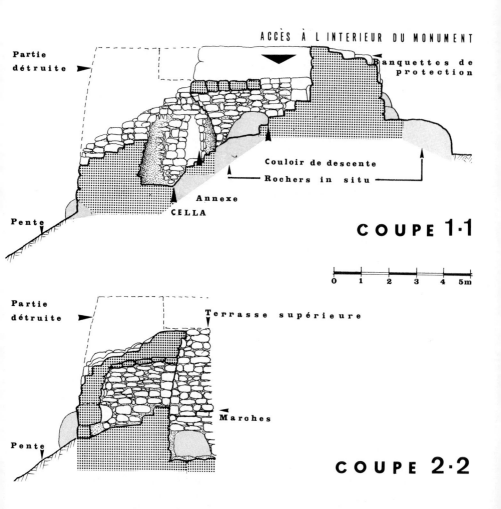

Fig. 112. Plans et coupes du monument de Ceccia.

Mobilier

En juillet 1961, R. Grosjean entreprit les travaux de démaquisage du monument et découvrit tout de suite que les parties NE, Nord et NO étaient recouvertes par un second mur pseudo-génois. En démontant ce mur, il trouva beaucoup de céramique torréenne, vraisemblablement expulsée par les génois pendant leurs travaux de modification.

Il était donc évident qu'en raison du réaménagement du site, les niveaux archéologiques avaient été remaniés et que, par conséquent, une étude scientifique du monument était impossible. Cependant, les travaux furent poursuivis, et dans la plate-forme supérieure fut trouvé un niveau archéologique intact, qui a donné une stratigraphie de quatre couches ;
— une couche supérieure, génoise ;
— une deuxième couche de terre jaune et rouge, préhistorique ;
— une troisième couche : sol brûlé, archéologique, du torréen supérieur. Des charbons de bois prélevés dans cette couche ont été datés par le C 14, de 1350 à 1300 B.C. ;
— enfin, le dallage de la chambre supérieure, sur la couverture du couloir inférieur.

Dans la troisième couche beaucoup de poterie fut trouvée, plus récente que celle de Tappa et de même conception que celle de Torre : urnes de différentes formes, anses en bouton-oreille et petites anses en anneau, rebords en urne plus ou moins évasés, ainsi que des morceaux d'obsidienne (peut-être par hasard) dans la terre rouge.

Les Génois avaient également muré les deux extrémités du couloir inférieur, et la niche de la cella était bloquée par des pierres à la chaux : des fragments de poterie préhistorique étaient incorporés dans la base de la chaux.

Le mobilier Génois fut déposé au Musée de Bastia. Une sélection représentative du mobilier torréen est exposée au Musée de Préhistoire Corse de Sartène.

Destination du monument

Le *Castello* de Ceccia est un exemple d'édifice torréen à double destination : celle du culte, qui prévaut, et celle de la protection des habitants par la surveillance : en effet, les cérémonies ne pouvaient être pratiquées sans la sécurité ni bien sûr sans la conservation du monument qui, pour eux, était sacré.

Fig. 113.
Ceccia. L'intérieur de la cella ;
à gauche l'entrée de la niche et,
à droite, la rampe d'accès.

BRUSCHICCIA

Réduit torréen fortifié

Situation régionale ; accès.

Le site de Bruschiccia est une parcelle chaotique, enclose dans une muraille d'enceinte. Il forme un excellent poste d'observation *(fig. 116)* contrôlant la vallée du Stabiacco jusqu'au golfe de Porto-Vecchio.

Après la visite au monument de Ceccia (v. itinéraire à la p. 131), prendre le sentier peu apparent qui conduit au réduit fortifié de Bruschiccia, distant de 600 mètres, à l'Est et sur le même versant que Ceccia.

Description du site

Sur un vaste rocher dominant le secteur défensif, on voit édifié le soubassement d'un petit monument circulaire. Il s'agit bien des restes d'un monument cultuel torréen, encore plus atypique que celui de Ceccia. A l'intérieur de la construction on distingue le couloir transversal et la cavité se terminant sous un rocher.

Ce monument peut être classé à la fois dans la catégorie des *torre* à couloir et dans celle où la chambre centrale et l'extrêmité du diverticule ont été aménagés de sorte qu'elles aboutissent à l'intérieur de rochers naturels (grotte — *taffoni*).

Comme ce fut le cas pour Ceccia, le monument de Bruschiccia fut également occupé et transformé par les Génois : les cavités furent murées, très vraisemblablement pour donner de la solidité aux parties supérieures qui auraient eu à supporter un cannon. Pour faire le blocage, dans la moitié de la chambre centrale, les Génois ont dû dégager la terre, et par conséquent, les niveaux archéologiques qui s'y trouvaient : ils repoussèrent ou ils évacuèrent la terre, et le remplissage s'en trouva donc remanié. C'est pour cette raison que R. Grosjean fut dans l'impossibilité d'effectuer une étude scientifique de ce monument : quelques objets de mobilier, recueillis pendant les travaux de dégagement sont exposés dans le Musée de Sartène.

Fig. 114.
Bruschiccia.
Vue aérienne du monument.

Fig. 115.
Bruschiccia.
Vue d'ensemble
du monument.

Mobilier

Avant d'arriver au site de Bruschiccia, on passe à travers champs, sur un plateau, comportant des restes de cabanes rectangulaires de grandes dimensions : 5 m × 8 m.

Les fouilles archéologiques de ces cabanes, en 1961, ont mis à jour des restes d'obsidienne, une pointe de flèche retouchée, plusieurs broyeurs — dont un circulaire, mince et plat sur les deux faces — ainsi que de la poterie du type de l'Age du Bronze en torréenne grossière (Musée de Préhistoire Corse de Sartène).

Fig. 116. Bruschiccia. Partie supérieure du monument.

ARAGHJU (ARAGGIO)

Complexe Monumental torréen fortifié

Situation régionale

Le visiteur sera grandement récompensé au terme de son excursion au **Castello d'Araghju.** Situé à 5 km à vol d'oiseau du Golfe de Porto-Vecchio, édifié sur un éperon rocheux *(fig. 117).* de la montagne de l'Ospedale à une altitude de 245 mètres au-dessus du niveau de la mer, cette vaste et belle construction, sa situation, son environnement et la vue qu'elle offre, laisseront un souvenir captivant de la visite.

Dans cette région, le **Castello d'Araghju** était une sentinelle vigilante, regardant vers l'Est, en direction de la mer, de l'île proche ou des pays lointains d'où provenaient ces Torréens-Shardanes avant leur débarquement dans le remarquable abri constitué par le golfe. Elle observait l'emplacement de leurs premières têtes de pont, et l'arrivée des renforts indispensables à la conquête des territoires de l'île convoitée qu'ils ne purent de loin faire ployer entièrement, tant l'esprit de résistance des autochtones était grand.

On peut assurer, sans grand risque de méprise, que chaque arrivée et que chaque départ de guerriers offrait une scène conforme aux sujets figés dans l'art statuaire des proto-Corses *(fig. 3)* et dans l'art pariétal des Égyptiens *(fig. 4)* : même bateaux, même combattants au casque cornu, et mêmes armements.

Le **Castello d'Araghju** est une sorte de synthèse monumentale des constructions édifiées par les Torréens dans la région de Porto-Vecchio.

Accès. *(v. carte, fig. 91, p. 106).*

Pour se rendre à Araghju au départ de Porto-Vecchio, prendre la même route qui mène au monument de Torre : la nationale N 198 en direction de Bastia. 1,5 km après le village de **Ste-Trinité,** tourner à gauche sur la route départementale D 759 qui conduit aux deux hameaux de Araghju, commune de San-Gavino-di-Carbini. Traverser le premier hameau ; garer la voiture près des maisons du second hameau et prendre à pied le sentier qui monte vers la forteresse.

*Fig. 117. Araghju :
la forteresse dans son entier, vue du Nord.*

Fig. 118. Araghju. Vue aérienne du complexe fortifié avant les travaux de dégagement et de consolidation.

Ce sentier est relativement facile mais il est conseillé aux visiteurs d'être chaussés de chaussures de marche. La montée est de 25 à 30 minutes par ce sentier rocheux et raide, qui traverse un maquis très pittoresque.

Description du site.
(v. plan, fig. 130, pp. 152-153).

Le Castello d'Araghju était recensé par la prospection aérienne. La première campagne de fouilles fut entreprise en 1967 par R. Grosjean et son équipe : cette campagne eut pour objet le dégagement complet de l'extérieur, l'enlèvement des pierres d'éboulis à l'intérieur, les fouilles des structures de la partie Est, et une restauration de première urgence de l'ensemble du complexe.

Le village torréen ayant trait au complexe monumental a été retrouvé à mi-distance entre les hameaux actuels et la forteresse même. L'étude et les fouilles du complexe ont confirmé que dans un premier temps, lors de l'installation des Torréens dans la région, seul le monument cultuel fut édifié ; plus ou moins longtemps après, l'enceinte fortifié et ses structures internes furent adjointes.

Fig. 119. Araghju. L'enceinte, avant les travaux de consolidation.

Fig. 120. Vue sur le hameau d'Araghju, de la forteresse.

*Fig. 121. Araghju.
L'entrée monumentale Est
vue de l'intérieur.
A gauche, la guérite.*

Ce complexe monumental fut d'abord le lieu de leur culte ou celui de leurs rites funéraires, ou les deux, puis l'habitat du chef religieux ou du chef de tribu, confondus ou non en un seul personnage ; enfin une forteresse-refuge, aménagée défensivement et destinée uniquement à être utilisée en cas de nécessité. Précaution supplémentaire, ou besoin, une autre forteresse plus fruste et plus simple fut construite par les Torréens plus haut dans cette montagne de l'Ospedale.

L'enceinte a un périmètre de 120 mètres et est constituée de rochers naturels et de murs épais en gros appareil, d'une hauteur variante entre 3 et 5 mètres *(fig. 119)*.

L'entrée monumentale Est **EE** *(fig. 121)*, d'une largeur moyenne de 1,50 m et d'une hauteur de 2,60 m, est couverte de larges dalles. Dans le passage, à droite en entrant, une guérite **GE** est surmontée d'un linteau de plus de deux tonnes *(fig. 121)*. Plus loin, à gauche, une salle **SGS** *(fig. 122)* qui peut être de garde, avec en son centre un foyer **F** rectangulaire.

Fig. 122. Araghju. La salle SGS avec son foyer, en fin de fouilles.

Fig. 123. Araghju. Le monument cultuel vu de l'intérieur de la forteresse.

Fig. 124. Vue d'ensemble de l'intérieur de la forteresse vers le Nord.

Pénétrant dans l'enceinte et remontant par la droite on rencontre un escalier **RNE** qui distribue d'une part, en face, le chemin de ronde constitué par le haut des murailles et, d'autre part, à droite, une pièce circulaire **CCSE** ayant comporté un foyer central **F** *(fig. 126)*.

Plus loin, un couloir couvert assez long et quelque peu coudé, donne accès à la grande chambre Nord **GCN** *(fig. 128)* qui fut indubitablement une habitation, et où deux foyers **F1** et **F2** furent retrouvés. Cette chambre possède des murs légèrement incurvés qui, comme l'infrastructure de la muraille d'enceinte, ont une base constitué de volumineux blocs de rocher aménagés et placés. Une partie de la chambre était encombrée de monceaux de pierres éboulées *(fig. 127)*. Les nombreux débris qui jonchaient le sol pourraient être les matériaux d'une couverture, éventuelle mais qui a du exister, car le cas contraire rendrait illogique la disposition particulière des constructions.

Fig. 125. Araghju. Le couloir couvert d'accès à la GCN.

Fig. 126. Araghju. La pièce circulaire CCSE, avec son foyer.

*Fig. 127.
Araghju.
La grande chambre principale avant les fouilles. L'on peut voir sur la photo l'épaisseur du remplissage provenant de l'effondrement des pierres de la couverture.*

*Fig. 128.
Araghju.
La grande chambre principale en fin de fouilles. L'on peut voir sur la photo les deux foyers, les volumineux blocs de rocher aménagés et placés à la base des murs, et la pierre creusée par l'érosion.*

Dans son carnet de fouilles du 24 mai 1967, R. Grosjean observait :

> « *Étant donné le fort remplissage en pierres de cette pièce (1 m en moyenne), la forme plate des pierres et la qualité de cailloutis (de calage), la chambre était recouverte soit d'un semi-encorbellement terminé par une charpente, soit d'un encorbellement complet (peu vraisemblable, en raison de sa forme basale et de sa grandeur* ».

Dans le fond de cette chambre, une pierre naturelle que l'érosion a creusée en une profonde cuvette, aurait pu permettre la constitution d'une réserve d'eau.

Au Nord de l'enclos, à l'intérieur de la forteresse, une autre galerie de pénétration **EN** couverte de dalles, fut condamnée par les Toréens eux-mêmes, qui ne conservèrent qu'une meurtrière dans le mur de fermeture *(fig. 129)*. Toujours dans son carnet de fouilles, à la journée du mardi 6 juin 1967, R. Grosjean fit la réflexion suivante sur la condamnation de l'entrée Nord :

> « *Indubitablement condamnée à l'époque torréenne. D'abord ouverte, les Torréens se sont aperçu que deux entrées étaient de trop — attaques, menaces accrues, manque de défenseurs, etc. —. Ils l'ont bouchée d'abord en amenant de l'extérieur un*

149

bloc de rocher qu'ils ont coincé à l'entrée sans pouvoir le faire pénétrer plus avant dans l'entrée (c'est pour cela qu'il dépasse un peu). Il repose directement sur le sol primitif. Ensuite ils ont monté le mur avec des pierres moyennes et petites jusqu'en haut en réservant une meurtrière sous linteaux plats. »

A l'opposé de l'entrée principale Est, en vue du village torréen, le monument cultuel **MC** *(fig. 123),* comporte une cella bilobée et un observatoire, supposant qu'à cet emplacement se situait l'entrée du monument cultuel — par une échelle ou par un plan incliné — avant l'élévation de la muraille défensive.

Mobilier

Les différents niveaux des couches de remplissage ont été marqués par R. Grosjean et ils sont toujours repérables aujourd'hui, grâce aux trois couleurs différentes utilisés pour le marquage sur les pierres de la grande chambre **GCN** :

*Fig. 129. Araghju.
L'entrée Nord EN,
condamnée par les Torréens,
avec la meurtrière sous linteaux.*

— **Blanc :** niveau supérieur du remplissage avant les fouilles : épaisseur stérile de 20 cm, constitué de terre rouge d'infiltration ;
— **Rouge :** début de la couche archéologique unique, de 10 cm d'épaisseur, très noire : un amalgame de terre, charbon et débris organiques, avec du mobilier composé de poterie de différents types, pierres polies, meules *(loc.* ② *sur plan),* broyeurs, galets usés, hématite, un aiguisoir sur pierre verte et, au point ① du plan, un petit fragment de tige cylindrique en bronze ;
— **Noir :** dernière couche, d'épaisseur de 10 cm de terre jaune, stérile, placée avant l'occupation du site sur les rochers en place.

Au centre du monument cultuel, sur le dallage, furent trouvés quelques fragments de calotte crânienne, ainsi que de la poterie et un quartz semblant travaillé.

Dans le puit **PE** situé à droite de l'entrée principale on a trouvé seulement un tesson de poterie plat. Dans la salle **SGS** : poterie, hématite et pierre ponce ; dans la niche Nord **NN,** un dépôt de poterie plates, galets, broyeurs, lissoirs.

En conclusion, le mobilier recueilli est pauvre en qualité et en quantité, mais cependant typique du Torréen ancien et moyen. Une sélection du mobilier d'Araghju est exposée au Musée de Sartène.

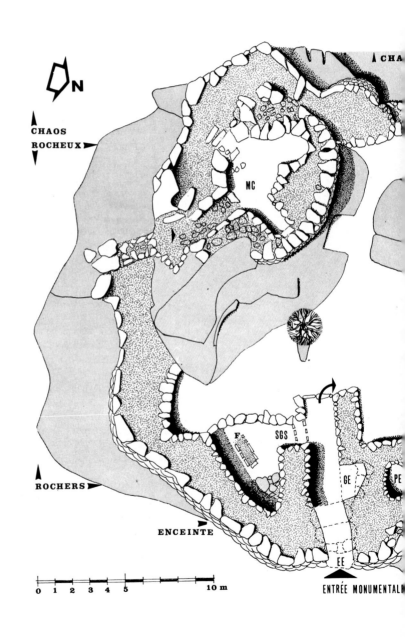

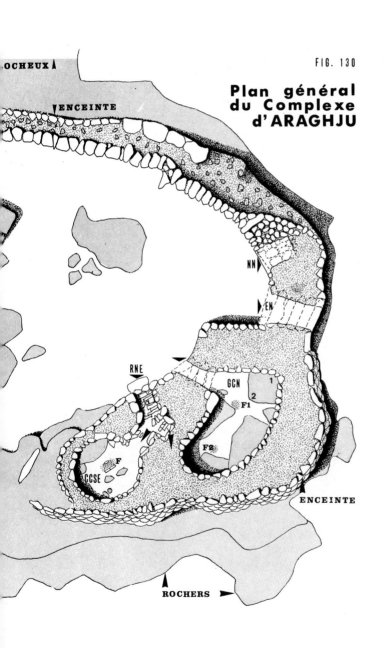

FIG. 130

Plan général du Complexe d'ARAGHJU

Destination du complexe

Le Castello d'Araghju apporte de nombreux compléments à la connaissance des Torréens, et pour une fois, ce n'est pas par le mobilier, pauvre et banal, mais par :
— une architecture nouvelle, du type enclos, fortifié ;
— un net archaïsme dans l'architecture et les structures du monument cultuel, ainsi que par la présence d'orthostats à la base de la grande chambre Nord ;
— la prévision, sinon la certitude, de guerres ou de combats, présomption déjà confirmée par Cucuruzzu, Tappa et autres, par leur architecture militaire, leurs fortifications, leurs emplacements stratégiques d'implantation, leurs secteurs de surveillance et, dans le cas particulier d'Araghju, par la condamnation de l'une des deux portes d'accès à la forteresse ;
— la présence de foyers centraux parfaitement aménagés, identiques dans certaines chambres d'Araghju à ceux trouvés au centre des monuments cultuels de Filitosa et du Castello d'Alo. Ces foyers avaient pour les Torréens une grande importance, sans doute cultuelle, très probablement ayant trait au culte funéraire.

La seconde destination du complexe d'Araghju était défensive : situation de repli et de refuge. Cela est incontestable et a été prouvé par le peu d'occupation du site, contrairement à la citadelle de Cucuruzzu, qui a fourni tant de matériel et de mobilier. En bref, le Castello d'Araghju aurait été un habitat, occasionnel ou résidentiel — mais durant un temps limité — soit de gardiens, soit de chefs de tribu ou religieux, pendant les périodes d'utilisation normales en temps de paix. Naturellement, en cas d'attaque ennemie, tout changerait et Araghju serait prêt comme forteresse.

Conclusion

Cette promenade, parmi une sélection de monuments protohistoriques de Corse, ne pouvait mieux se terminer que par la visite du Castello d'Araghju, une réalisation torréenne des premières époques, qui fut vite abandonnée, puis réoccupée à nouveau au cours des premiers siècles du 1er millénaire B.C.

C'est un ensemble monumental en bon état de conservation, situé dans un site admirable, et un des complexes les plus typiques de la **civilisation torréenne corse**.

Fig. 131.
La forteresse d'Araghju
en cours de fouilles.

EXTRAITS DE LA BIBLIOGRAPHIE DE R. GROSJEAN SUR LA CIVILISATION TORRÉENNE CORSE

1955.   5. *La préhistoire de la Corse.*
　　　　　B.S.A.H.C., Déc. 1955 : pp. 2 à 5.

1956.   8. *La station de Filitosa.*
　　　　　Rubrique : *Correspondance,* B.S.P.F., t. LIII, f. 9, pp. 459-460.
　　　　10. *Les menhirs de Corse.*
　　　　　Sciences et Avenir ; Revue mensuelle N° 118, pp. 532 à 537, 11 fig.

1957. 13. *Une civilisation découverte en Corse.*
　　　　　Les Nouvelles Littéraires, N° 1531.
　　　　15. *Chronique d'archéologie préhistorique II.*
　　　　　E.C. f. 13 : pp. 74 à 83 ; 6 fig.
　　　　17. *La Corse préhistorique.*
　　　　　Revue Industrielle, Agricole, Administrative et Touristique. Mairies et Chambres Économiques de France et d'Outre-Mer ; N° 37, Avril, pp. 48 à 53 ; 5 fig.
　　　　20. *La vallée du Taravo.*
　　　　　Rubrique : *Correspondance ;* B.S.P.F., t. LIV, f. 11-12 : pp. 694 à 697 ; 2 fig., 1 pl.

1958. 22. *Balestra et Foce, monuments circulaires mégalithiques de la moyenne vallée du Taravo.*
　　　　　E.C., f. 18 : pp. 30 à 73 ; 47 fig. et plates.
　　　　23. *Deux monuments circulaires mégalithiques de la moyenne vallée du Taravo.*
　　　　　G.P., t. 1 : pp. 1 à 38 ; 43 pl. et fig.

1959. 24. *Nouvelles recherches préhistoriques en Corse.*
　　　　　B.S.A.H.C., f. 1-2 : 3 pp., 1 carte.
　　　　26. *Torre (Corse), monument mégalithique du Bronze moyen.*
　　　　　Revue Archéologique, t. II : pp. 15 à 40 ; 24 fig.
　　　　27. *L'évolution culturelle et artistique de la civilisation mégalithique de Corse (Recherches 1954-59).*
　　　　　Actes et C.R. de la XVIe session du Congrès Préhistorique de France, Monaco ; pp. 613-622 ; 5 fig. (Parus en 1965).
　　　　28. *La civilisation des constructeurs de « Torre » (Recherches 1954-1959).*
　　　　　Op. cit. 27 : pp. 623-633 ; 8 fig.

1960. 29. *Filitosa.*
　　　　　Arts et Livres de France (Provence), N° 43 : II ; pp. 17 à 23 : 2 fig.

1960. 30. *FILITOSA et les monuments protohistoriques de la vallée du Taravo.*
　　　　　Collection : Promenades archéologiques. 32 pages, 25 fig., 5 cartes et plans.

　　　　　FILITOSA, haut lieu de la Corse préhistorique.
　　　　　Op. cit. 30, XIIe édition.

　　　　　FILITOSA, Hochburg des prähistorischen Korsika.
　　　　　Op. cit., édition allemande, IIe éd.

　　　　31. *Rapports Corse-Sardaigne-Pouilles, art et monuments circulaires du Bronze moyen.*
　　　　　B.S.P.F., t. LVII : f. 5-6 ; pp. 296-302.

33. *Le mobilier torréen.*
Mémoires et communications du VIe Colloque d'Archéologie de Basse-Provence, Nice ; t. VI : pp. 45-53 ; 6 plates.

1961. 34. *Chronique d'archéologie préhistorique V.*
E.C., f. 1 : pp. 29 à 32 ; 4 fig.
35. *Filitosa et son contexte archéologique.*
Académie des Inscriptions et Belles Lettres ; Fondation Eugène Piot ; Monuments et Mémoires, t. 52e : f. 1, 102 pp., 81 fig., 14 pl. Préface par l'Abbé Breuil.
36. *Les Baléares et leurs rapports avec la Méditerranée occidentale. Impressions sur la civilisation talayotique.*
L'Anthropologie ; t. 65 : N° 5-6 ; pp. 491-501 ; 5 fig.

1962. 37. *Études préhistoriques de la Corse. Chronique d'archéologie préhistorique VI.*
B.S.S.H.N.C. ; f. 562, pp. 9-18 ; 6 fig.
38. *Le gisement fortifié de Tappa.*
B.S.P.F., t. LIX : N° 3-4 ; pp. 206 à 217 ; 7 fig., 2 pl.
39. *Les armes portées par les statues-menhirs de Corse.*
Revue Archéologique : II ; pp. 1-15 ; 3 pl.
40. *Chronique d'archéologie préhistorique, VII.*
C.H., N° 8 : pp. 17 à 26 ; 10 fig.
41. *La civilisation torréenne de l'Age du Bronze en Corse.*
Actes et C.R. du VIe Congrès International des Sciences Préhistoriques et Protohistoriques, Rome, pp. 411 à 414 ; 4 fig. Parus en 1965.

1963. 42. *Rubrique : Préhistoire.*
Corsica Viva, Paris, N° 1, pp. 51 à 53 ; 10 fig., 1 carte.

1963. 44. *Recherches Préhistoriques 1963.*
Corsica Viva, N° 2 : pp. 10-11.

1964. 46. *Le complexe fortifié de Cucuruzzu (Levie).*
B.S.P.F., t. LXI : N° 1 ; pp. 185-194 ; 9 fig.
47. *Heurs, malheurs et perspectives de la Préhistoire Corse.*
Corsica Viva, N° 4 : pp. 6 à 13 ; 14 fig.
49. *Filitosa, haut-lieu de la Corse préhistorique.*
Demain de la Corse, Mai 1964 : pp. 12 à 15 ; 5 fig.
51. *Chronique d'archéologie préhistorique, VIII.*
C.H., N° 13-14 : pp. 19 à 30 ; 11 fig.
52. *Die Megalitkultur von Korsika.*
Die Umschau in Wissenschaft und Technik, N° 13. Frankfurt a. M. : pp. 403-407 ; 8 illustr., 1 carte.
53. *Le complexe torréen de Cucuruzzu.*
Association Culturelle de l'Alta Rocca. Fascicule de 14 pp., 6 fig., 2 pl.

1965. 56. *La Corse à l'Age des Mégalithes.*
Archeologia, N° 2 : pp. 30 à 40 ; 12 fig.

1966. 57. *La Corse avant l'Histoire. Monuments et Art de la civilisation mégalithique insulaire du début du IIIe à la fin du IIe millénaire avant notre ère.*
Éditions Klincksieck, Paris. 98 pp., 80 ill.
58. *Le complexe torréen fortifié du Castello d'Alo (Bilia).*
B.S.P.F., t. LXIII : C.R.S.M. N° 2 ; p. LVIII.
62. *Visites et excursions.*
Actes et C.R. de la XVIIIe Session du Cogrès Préhistorique de France, Ajaccio. IIe partie : pp. 50 à 78 ; 23 fig.

- 65. *La Corse avant l'Histoire.*
  Le Monde et la Vie : N° 158, pp. 35 à 38 : 6 illustr.
- 66. *Recent work in Corsica.*
  Antiquity. Vol. XL : N° 159, pp. 190 à 198 ; 8 fig., 2 cartes, 3 pl.
- 67. *Civilisation torréenne et statues-menhirs en Corse.*
  Historama. Hors-série N° 9 ; pp. 240 à 253 ; 2 fig.

1967.
- 69. *Les fouilles de Filitosa.*
  Les Nouvelles Littéraires N° 2067, 13-4-1967.
- 71. *Le complexe monumental fortifié torréen du Castello d'Araggio.*
  B.S.P.F., t. LXIV, N° 9, pp. CCLXIV-CCLXVII, 1 pl.
- 73. *Promenade dans la Préhistoire Corse.*
  Triomphe Saint-Cyr, Coëtquidan. 5 pp., 5 fig.

1969.
- 80. *Évolution générale de la préhistoire Corse.*
  Union Internationale pour l'étude du Quaternaire ; VIIIe Congrès INQUA, Paris. Livret-guide de l'excursion C 17 : Corse, pp. 29 à 34.
- 81. *Gisements préhistoriques. Civilisations mégalithiques et torréennes.*
  Op. cit. 80 ; pp. 91 à 100 ; 3 fig., 3 pl.

1970.
- 82. *Panorama des recherches pré- et protohistoriques en Corse.*
  Panorama sur la Recherche Scientifique. Plaquette 1969-1970.
  Supplément au Courrier de la Recherche Scientifique : pp. 73 à 77 ; 5 fig.
- 83. *Quelques pas dans la préhistoire Corse.*
  Revue Géographique et Industrielle de France : 25-1-1970.
- 85. *Lueurs sur les plaques en bronze ajourées et à bossettes du Post-Torréen de Cucuruzzu.*
  B.S.P.F. t. 67 : f. 7 ; pp. 220 à 222 ; 2 fig.

1971.
- 86. *Diorama de la civilisation torréenne corse.*
  Dans : *Mélanges d'études corses, offerts à P. Arrighi.*
  Centre d'études corses d'Aix. Publications universitaires de Lettres et Sciences Humaines d'Aix-en-Provence, 1971 ; pp. 165 à 194 et 10 pp. horstexte avec 6 fig. et 6 pl.
- 88. *La Protohistoire.* Chapitre 2 dans : *Histoire de la Corse,* publiée sous la direction de Paul Arrighi.
  Collection d'histoire régionale « Univers de France » : pp. 35 à 65 ; 14 fig. Édouard Privat, Éditeur.
- 89. *Destination et utilisation primaires des Nuraghi, Talaiots, Torre (Sardaigne, Baléares, Corse).*
  Actes du VIIIe Congrès International des Sciences Préhistoriques et Protohistoriques, Beograd, 1971, t. 3 : Rapports et Corapports : pp. 21 à 26. Parus en 1973.

1973.
- 93. Notes bibliographiques sur :
  The Sea Peoples : A Re-examination of the Egyptian Sources, par Alessandra Nibbi, publié par l'Auteur. B.S.P.F., t. 70 : N° 5, pp. 133 et 134.
- 94. Entretien : *Archéologie,* dans : Connaissance des Hommes, N° 49 ; pp. 27 à 30 ; 9 fig.
- 95. *Acquis archéologiques et iconographiques récents, déterminant la présence de Shardana en Corse, antérieurement au XIIe siècle B.C.*
  Communication au IIIe Colloque International sur la préhistoire Égéenne ; Sheffield, England, Août 1973. En cours de publication.
- 99. Entretien : *L'Archéologie en Corse.*
  Bulletin de l'Association Générale des Médecins de France, N° 47, Déc., pp. 28 à 34 ; 11 fig.

1975. 103. *Torre et Torréens. Age du Bronze de l'Ile de Corse.*
Collection : Promenades Archéologiques. 32 pp., 28 fig.
104. Avec la collaboration de MM. **J. Liégeois** et **G. Peretti** :
Les civilisations de l'Age du Bronze en Corse.
Dans : *La Préhistoire Française ;* Éd. du C.N.R.S., t. II : pp. 644 à 653 ; 5 pl.

AUTRES EXTRAITS BIBLIOGRAPHIQUES SUR LA CIVILISATION TORRÉENNE DE CORSE ET, L'AGE DU BRONZE MÉDITÉRRANÉEN

201. **ASCARI M.C.** — *La Corsica nell'Antichità.*
Collana Storica Corsa ; Istituto per gli Studi di Politica Internazionale ; Milano 1942.

202. **ATZENI E.** — *L'abri sous roche « D » du village préhistorique de Filitosa.*
C.R. du XVIIIe Congrès Préhistorique de France, Ajaccio, 1966.

203. **BARNETT R.D.** — *The Sea Peoples.*
The Cambridge ancient history, No 68, Cambridge University Press, 1969.

204. **DANIEL G.E.** et **EVANS J.D.** — *The Western Mediterranean.*
The Cambridge Ancient history, No 57, Cambridge University Press, 1969.

205. **LILLIU G.** — *I Nuraghi, torri preistoriche della Sardegna.*
Edizioni « La Zattera », 1961.

206. — *Rapports entre la culture torréenne et les aspects culturels pré- et protonuragiques de Sardaigne.*
C.R. du XVIIIe Congrès Préhistorique de France, Ajaccio, 1966.

207. — Chapitre 1 : *La Corse* et Chapitre 2 : *La Sardaigne,* dans : *Civilisations anciennes du bassin méditerranéen.*
Éditions Albin Michel, Paris, 1970

208. **MASPERO G.** — *Histoire ancienne des Peuples de l'Orient.*
Librairie Hachette et Cie. Paris. VIe édition, 1904.

209. **MÉRIMÉE P.** — *Notes d'un voyage en Corse.*
Fournier Jeune, Paris, 1840.

210. **PASARIUS J.M.** — *Prehistorias de las Baleares.*
Publié par l'Auteur ; Palma de Majorca, 1968.

211. **POLI X.** — *La Corse dans l'antiquité et dans le haut Moyen Age.*
Albert Fontemoing, Paris, 1907.

212. **BAILLOUD G.** — *Fouilles d'un habitat Néolithique et Torréen, à Basi.*
B.S.P.F. t. 66, f. 8, 1969.

213. **BAILLOUD G.** — *Datations C 14 pour le site de Basi.*
B.S.P.F. t. 69, f. 3, p. 7, 1972.

214. **LIÉGEOIS J.** — *Un fond de cabane du village Torréen de Filitosa (Sollacaro).*
Archeologia Corsa No 3, pp. 77 à 83, 1978.

ABRÉVIATIONS EMPLOYÉES DANS LE TEXTE

B.C.   Avant J.-C. ; avant notre ère.

B.S.A.H.C.   *Bulletin de la Société Archéologique et Historique de Chelles* (S.-et-M.). Périodique bimestriel. Chelles.

B.S.P.F.   *Bulletin de la Société Préhistorique Française*. Périodique mensuel. Publié avec le concours du C.N.R.S. et du Ministère de la Culture et de la Communication. Paris.

B.S.S.H.N.C.   *Bulletin de la Société des Sciences Historiques et Naturelles de la Corse*. Revue trimestrielle subventionnée par le C.N.R.S. et le C.G.C. Ajaccio.

Cf.   Confer, comparez.

C.G.C.   Conseil Général de la Corse.

C.H.   *Corse Historique*. Revue publiée par les Archives Départementales de la Corse.

C.N.R.S.   Ministère de l'Éducation Nationale ; Centre National de la Recherche Scientifique.

C.R.   Comptes rendus.

E.C.   *Études Corses*. Revue trimestrielle ; fusion entre le B.S.S.H.N.C. et la C.H. Fondée en 1953 par M. Lamotte, archiviste départemental, et subventionnée par le C.N.R.S. et le C.G.C.

f.   Fascicule.

fig.   Figure.

G.P.   *Gallia Préhistoire*. Organe du Comité Technique de la Recherche Archéologique en France, près le C.N.R.S.

NE   Nord-Est.

NO   Nord-Ouest.

Op. cit.   Ouvrage cité.

p., pp.   Page, pages.

pl.   Planche.

SE   Sud-Est.

SO   Sud-Ouest.

t.   Tome.

v.   Voir.